有一种和谐叫有效沟通

汪园黔 解程翔 著

中国财富出版社

图书在版编目（CIP）数据

有一种和谐叫有效沟通 / 汪园黔，解程翔著 . — 北京：中国财富出版社，2017.12

ISBN 978-7-5047-4909-3

Ⅰ . ①有… Ⅱ . ①汪… ②解… Ⅲ . ①企业管理－人际关系学 Ⅳ . ① F272.9

中国版本图书馆 CIP 数据核字（2017）第 319907 号

策划编辑	谢晓绚	**责任编辑**	张冬梅　俞　然		
责任印制	梁　凡	**责任校对**	杨小静	**责任发行**	董　倩

出版发行	中国财富出版社	
社　　址	北京市丰台区南四环西路 188 号 5 区 20 楼	**邮政编码** 100070
电　　话	010 – 52227588 转 2048/2028（发行部）	010 – 52227588 转 307（总编室）
	010 – 68589540（读者服务部）	010 – 52227588 转 305（质检部）
网　　址	http://www.cfpress.com.cn	
经　　销	新华书店	
印　　刷	北京时捷印刷有限公司	
书　　号	ISBN 978-7-5047-4909-3/F · 2852	
开　　本	710mm×1000mm　1/16	**版　　次** 2018 年 2 月第 1 版
印　　张	13.5	**印　　次** 2018 年 2 月第 1 次印刷
字　　数	257 千字	**定　　价** 67.00 元

《有一种和谐叫有效沟通》编写委员会

有一种和谐叫有效沟通

　　人与人之间存在差异，这意味着人与人之间的沟通和相处过程中，会多多少少存在一些不和谐的音符。不同的观点间容易产生分歧；不同的态度间容易产生误会；不同的误会间又容易带来矛盾和隔阂……这一切都会使人与人的相处变得困难重重。想要解决这所有的不和谐，最需要的就是有效沟通。有效沟通可以让人们解除矛盾、误会，让人与人之间关系更加和谐，让人们的生活和工作都变得更加和谐美好。

　　当家庭生活中产生矛盾，出现意见不合的时候，家庭成员之间就需要利用有效沟通来保证家庭关系的和睦，维持家庭的和谐与幸福。

　　当夫妻之间出现"裂痕"，感情不和，婚姻面临危机的时候，夫妻之间就需要用有效沟通来增进情感。

　　当亲子之间存在"代沟"，父母不能与孩子保持同步，造成孩子叛逆的时候，父母就需要通过有效沟通给予孩子充分的理解和关爱。

　　当我们与长辈之间出现摩擦，彼此之间不理解、不认可的时候，双方就需要通过有效沟通来阐明自己的立场，尊重对方的观点，互相理解，互相尊重。

　　当我们与兄弟姐妹之间产生矛盾，互相对抗的时候，双方就需要利用有效的沟通来化解矛盾，维护亲情。

　　当我们与领导或者下属之间产生"鸿沟"，造成了矛盾与对立的时候，需要利用有效沟通来消除矛盾和对立，从而推进合作，求取共赢。

当我们与朋友之间产生"误会"，彼此造成怨恨和不理解时，就需要利用有效沟通来化解误会，恢复彼此的理解信任。

所以说，有效沟通有着强大的力量，它既是一笔宝贵的人生财富，也是一门需要人们研究和学习的艺术。

为了帮助读者系统了解有效沟通的基本知识，本书从心态、信念、语言、行为、策略等方面入手，深入浅出地落实到具体的生活中，如夫妻之间、亲子之间、长辈之间、兄弟姐妹之间、朋友之间的沟通以及日常工作中与领导或下属的沟通。本书还结合"一念之转""反躬自问"的转念模式，为读者朋友们具体设置了不同的沟通场景和沟通案例，总结了和谐有效沟通之道，从而帮助读者构建和谐幸福的家庭。

本书既有独到的视点，又有寓教于乐、充满趣味的情景案例。这些案例通过具体的场景再现和分析解读，不仅能带给读者以深刻的启迪和感悟，也会给读者带来现实中的指导，帮助读者找出自身沟通能力的不足。如读者在沟通态度和观念上存在问题，可以灵活变通，调整自己的沟通态度和观念，发现自己沟通技能方面存在的不足，可以加以改进。真诚地希望这本书能够带给读者一些及时而有效的指导，帮助读者提升沟通能力，在遇到问题或者面临复杂的人际关系时能够通过有效沟通来顺利解决矛盾、化解危机，使读者们在生活和工作中都能轻松驾驭、游刃有余。

作　者

2017 年 12 月

目　录

CONTENTS

第七章　与兄弟姐妹沟通：以和为贵

第八章　与领导、下属沟通：对上有义、对下有情

第九章 与朋友沟通：以信为先

附录

第一章

有效沟通从改变自己开始

意念是潜藏在我们内心深处的一股力量，巧妙的转念，可以让我们自如地驾驭自己的情绪，把控人与人之间的沟通。我们可以利用这种方式更好地管理自己的内心世界；通过反躬自问来找回真正的自己。并且运用反躬自问在心底建立起反向思考的意识，在此基础之上学会换位思考、反向思考。此外，我们还可以通过转念，找回内心的平和，掌握家庭幸福的关键因素，从而更好地改变自己，构建和谐家庭。

————————————————————— ※ ※ —————————————————————

我们看到的世界相同吗

我们看到的世界相同吗？相信每个人心中都有自己的答案。在这个拥有万般姿态的世界，循光望去，展现在人们眼前、镌刻在人们心间的景象形态各异，雅俗静闹、真假好坏、美丑明暗……每个人眼中都有不同的世界。

叔本华说："从青年人的角度看，生活是一曲欢快的协奏曲；从老年人的角度看，生活是一汪寂静的死水。"同样的世界，为什么不同的人看到的结果不同呢？事实上，人们虽然生活在同一个世界，但是由于每个人的年龄、性别、性格、心态、道德观念、知识经验以及看待事物的角度不同，因此，人们看到的世界迥然不同。

一个人对外部世界的看法，受复杂的内外因素影响。每个人看世界都有主观性，都有自己独立的想法和立场。面对同一件事情，内心的差异则决定了不同的人会有不同的感观和态度。正所谓"一千个读者心中有一千个哈姆雷特"，角度的不同，决定了想法的不同；想法的不同，决定了结果的不同。

当然，面对同一件事情，不同心态的作用下产生的结果也是不同的。心态不同，世界则不同。

一位女子的丈夫在沙漠里服役，而她作为随军家属也一同去了军营。沙漠气候十分恶劣，温度高达45℃。他们居住的是用铁皮做成的房子，周围都是原住民，女子与他们语言不通，丈夫因执行任务不在身边，面对这一切，她很煎熬、痛苦。于是她给父母写了一封信，告诉他们自己的处境，并且表示出想要回家的念头。可是没想到，她的父母在回信上只写了这样一句话：两个人从监狱的窗户往外看，一个看到的是地上的泥土，另一个看到的却是天上的星星。女子看到回信后，刚开始感到很失望，认为父母不理解她、不关心她，可是回过头来，经过仔细思考，她慢慢地认识到：生活中不仅有沙漠、泥土，抬起头来还可以仰望星空，看到日月星辰。自己之所以痛苦，是因为自己总是低头看着沙漠、泥土，而换一种角度和心态，学会抬头仰望天上的星星后，会发现另一个世界。认识到这一点之后，女子转变角度和心态，开始和当地人交朋友。慢慢地，她发现，当地人十分淳朴、善良、友好，还经常给她送来礼物。她也开始对当地文化产生了浓厚兴趣，并进行研究。后来，她又惊讶地发现，沙漠中原来有那么多美景，日出、日落、海市蜃楼……仙人掌能在45℃的高温下茁壮生长，这顽强的生存力使她十分震撼，于是她又开始研究沙漠中的仙人掌。之后的每一天，她都沐浴在"星光"之中。回到城市之后，女子把自己的经历写成了一本书，书名叫《快乐的城堡》，这名女子就是塞尔玛。她的故事告诉我们，人可以通过转变看待世界的角度和心态来改变自己的命运。最终，这本书在美国畅销了13个月。

"相由心生，境随心转。"同样一个世界在不同人的眼中是不一样的。最后带来的结果，往往也是不同的。

一开始，塞尔玛受当时所处的沙漠环境影响，产生了绝望，感到痛苦，可是塞尔玛通过信件与父母沟通，从而调整了自己的心态，转变了看待事物的角度，改变了自身看世界的方式，并且努力适应环境，融入沙漠生活中，最后不仅带给了自己快乐的人生经历，也体验到了不同的风景、风俗文化，拥有了意想不到的人生收获。

有时候，因为角度和心态的不同，我们没有及时进行沟通、改变、突破，所以很难做出正确的选择，得不到想要的结果。及时进行有效的沟通、转变，可以让我们得到全新的观点、全新的角度、全新的思维，通过新观点的改变，新思维的转换，我们才能得到不一样的世界，才会有明确的方向和动力去创造更好的世界，追求更好的生活。

反躬自问，找回真正的自己

反躬自问，是一种哲学思维方式。它能够引导我们以全新的视野审视自我，为我们带来更加开阔明朗的心灵旅程，让我们通过深入反思，从而了解真正的自己。

当一个想法在我们脑海里出现，并认真思考之后，我们会了解得更清晰，更深入。那么紧接着，第二个想法便会自动浮现，然后出现第三个、第四个……我们不断出现新的想法，思维和视野会越来越灵活和广阔，甚至会盼着下一个想法的出现，盼着思考下一个问题。然而，正是通过这些不断地反躬自问，不断地深入了解、审查，最后我们会发现，那些曾经困扰我们的一个个问题，竟然都不复存在了。

第一个反躬自问：这是真的吗？

面对这样的反躬自问，一般情况下，我们内心会出现两种答案：是与否。当然，在我们回答这个答案之前，知道心里其实已经有了答案。为了回应第一句反问，紧接着就会追问事实。

下面我们来审查这种说法："洋洋不该打太多游戏。"这句话背后的事实是什么？根据你的了解，他真的打了很多的游戏吗？是的。事实情况就是洋洋每天会打 5 ~ 8 小时的游戏。那么如何进一步判定洋洋该不该打这么多的游戏呢？他爱打游戏，这是事实也是真相。就像每个人都有自己的喜好一样。而你之所以认为"洋洋不该打太多的游戏"，那是因为你的想法在跟"事实作争辩"。这种争辩，不但不会给洋洋带来更多的改变，而且只会给你带来莫名的烦恼和压力。一旦你接受了他爱打游戏的真相以后，谁知道你的想法又会发生怎样的变化呢？

对我们而言，事实就是真相，真相就是摆在眼前不可改变或者已经发生的真实情况。不管你喜欢不喜欢，支持不支持，认为应该不应该，都是既成事实。就好像今天出门堵车了，你在心里想：按道理说，这个时段不是上班高峰期，不应该堵车啊！可事实上，根本就没有应该不应该。事实就是堵车了，只是我们内心给现实套了一种假设而已。

第二个反躬自问：你能肯定那是真的吗？

根据第一个反躬自问，倘若你回答"是"。那么请继续追问："我能肯定那是真的吗？"很多人在回答问题时经常会使用"好像"这两个字眼。之所以会出现这样模棱两可的回答，是因为你没有对信息进行确认，不具备十足的把握。

如果你的回答仍旧是"是"的时候，这就表明事情确实如此。对方的一切行为说法都同你所说的一样，那么就可以继续进入第三个反问。

第三个反躬自问：当你产生这个想法时，你会有怎样的反应呢？

针对这一反躬自问，我们会发现它与以上两种反躬自问之间存在一定的因果关系。当你肯定这些想法时，你会产生一种反应，这种反应可能是轻微的不适，也可能是强烈的恐惧。因为早在第一个反躬自问中我们就已经确认过这个想法是否真实。一旦与之对抗，我们就会出现失落、失望的感觉。但倘若我们进行真实、坦诚的回答，并且看出这个想法造成的结果，那么我们所有的烦恼、痛苦也都会随之减轻。

第四个反躬自问：如果没有这个想法，你又会是怎样的呢？

我们仔细地想想，假如抛开这个想法，我们是怎样的呢？会过着怎样不同的生活呢？假如我们不让自己的想法介入他人的生活，他人在我们心中的形象又是怎样的呢？我们究竟是喜欢那个被我们改造过的人，还是喜欢那个没有我们的想法介入的真实的人呢？你觉得哪一个更好、更合适呢？

我们绝大部分人都会被自己的想法所困，寻找不到真正的自己，甚至不知这些想法从何而来。通过以上四个反躬自问，就可以一层一层地揭开"全新的自己"，让我们抛开原有的想法和身份，找回真正的自己。

获得反向思考的力量

反向思考也叫逆向思考，它是将似乎已成定论的事物或观点反过来思考的一种思维方式。一般而言，反向思考有三种方式：把反思方向转向自己、转向他人，以及整体向反方向思考。

把反思方向转向自己，是发现自我存在的问题最快捷的方式。把反思方向转向他人，也是寻求解决方法的一种反向思考方式。至于整体相反的思考，事实上就是所谓的"反其道而思之"，让我们的思考向对立面发展，从问题的相反面进行深入探索，发现新的角度。在面对某些复杂问题，尤其是一些比较特殊的问题时，可以从结论往回推，反过来思考，从未知回到已知，从另一个角度入手，反过去剖析、进行倒推，或许会使思路简单化，解决问题也会变得轻而易举。

通常人们总是习惯沿着事物发展的正方向进行思考，寻求解决方法，却忽略了反向思考。实际上，反向思考在解决某些问题时尤为重要。有效的反向思考可以使问题简单化，会给你带来意想不到的结果和益处，甚至会取得事半功倍的效果。

下面我们来看一个案例：

一天，富翁哈德走进纽约花旗银行的贷款部。贷款部的经理看到进来的这位绅士很神气，打扮得又很华贵，丝毫不敢怠慢，赶紧打招呼："这位先生，请问有什么事情需要我帮忙的吗？""哦，我想借些钱。""好啊，您要借多少？""1美元。""只需要1美元？""不错，只借1美元，可以吗？""当然可以，像您这样的绅士，只要有担保多借点也可以。""那这些担保可以吗？"哈德说着，从豪华的皮包里取出一大堆珠宝放在柜台上。"这是价值50万美元的珠宝，够吗？""当然，当然！不过，您只要借1美元？""是的。"哈德接过了1美元，准备离开银行。旁边的分行行长看到了这一切，他怎么也弄不明白这个人为何提供了50万美元的抵押，却只借1美元。于是他急忙追上前去，对哈德说："这位先生，请等一下，您有价值50万美元的珠宝，为什么只借1美元呢？假如您想借三四十万美元的话，我们也会考虑的。""啊，是这样的，我来贵行之前，问过好几家金库，他们保险箱的租金都很昂贵。而您这里帮我保管珠宝，租金很便宜，一年才花6美分。"

从银行工作人员的角度来看，哈德的做法，让人费解。但哈德恰恰利用了反向思考的智慧，找到了最廉价的保险箱，为自己寻得了便利。

通常情况下，我们绝大多数人都扮演着银行工作人员的角色，很少有人能够做到像哈德那样反向思考。实际上，反向思考作用于我们生活中的方方面面。从小方面来看，把反思方向转向自己，我们才能看见自身的错误、缺点；才能针对问题提出方案，从而更好地解决问题、改进自己；才能改变自己偏激的心态，通过反向思考的力量寻求到转机。从大方面来看，运用反向思维去思考和处理问题，实际上就是一个出奇制胜的过程。我们通过反向思考可以另辟蹊径，将复杂的问题简单化，从而大大提高办事效率。

史蒂夫·乔布斯说："我们要学着用不同的方式思考，给那些从一开始就支持我们产品的用户提供最好的服务，因为经常有人说他们是疯子，但是他们却是我们眼中的天才。"只有不同方式的、异于常人的反向思考才会带给我们意想不到的惊喜和收获，才会出现奇迹。反常规思考会让你在扭转无力、推进无望的时候，寻得柳暗花明的境界，这就是反向思考的力量与魅力！

总之，我们需要获得反向思考的力量，并将其转化为实际行动。经过反向思考之后，有时候一个观点就可以让我们幡然醒悟。反向思考的重点并不在于进行多少次反向思考，而在于通过这些反向思考会带给我们怎样的触动，以及最终会引导我们发生怎样的改变。

家庭沟通中学会转念想一想

沟通是家庭成员之间进行互动的最佳方式。世界上孩子得到的最好的教育，是在和家长的谈话中不知不觉获得的。世界上最好的夫妻关系是在夫妻二人促膝长谈的沟通中得到的。

然而，令大多数家庭感到头痛的是：父母苦口婆心地教育孩子，孩子却不以为然，还常常视父母的教导为没有意义的唠叨，甚至拒绝与父母沟通。这到底是怎么回事呢？是孩子出了问题，还是父母的谈话方式有问题呢？之所以出现这种问题，其关键原因就在于这种沟通并非建立在理解和平等的基础之上，父母只是一味地说教，并没有进行深入地了解孩子的想法，因此孩子不愿接纳，从而形成无效地沟通。

我们平时在家庭生活中会面临大大小小的摩擦和矛盾，如果一味地站在自己的角度与对方进行交流，只会让事情变得越来越复杂，甚至会因此破坏家庭的和谐氛围。有时候，沟通就在我们一念之间，家庭生活中所衍生出的矛盾、痛苦、欢乐，也都在一念之间。很多时候，让我们烦恼、痛苦的并不是家庭矛盾本身，而是我们解决矛盾的方法。

放学后，李铭回到家中。刚放下书包，母亲张口就问："小铭，今天考试了吗？考得怎么样啊？来跟妈妈说说。"面对母亲一连串的问话，李铭勉强回答了一句"不怎么样"就走进了自己的房间。母亲放下手中的家务，面对这一扇门，内心陷入无限的纠结与失望中。母亲发现儿子越来越排斥自己，甚至有时候故意不理她。这严重影响了母子关系的和谐。当母亲意识到这点之后，开始回想自己的行为，反思自己的交流方式。

母亲先根据回忆把两个人之间的一些交流情况以及自己的想法罗列在一张纸上：第一，我心情不好，同儿子说话，但他不理我，我认为他眼中没有我这个母亲的位置。第二，儿子不跟我说话，甚至排斥我，我感到非常悲伤。第三，家务烦琐，我要求儿子来帮忙，他却一脸不情愿，儿子不懂得体贴父母。

针对这些想法，母亲进行反思。

我心情不好，同儿子说话，但他不理我，我认为他眼中没有我这个母亲的位置。母亲转念一想："这是真的吗？这确实是真的吗？"她心中浮现出一个答案：不，不是真的，孩子还是爱我的，他眼里还是有我的，只是他有时候不理解我罢了。

之后母亲开始思考下一个问题："儿子不跟我说话，甚至排斥我，我感到非常悲伤。"她继续反问自己这是真的吗？她内心开始纠结，因为有时候儿子的确表现出对她的排斥，但是在进行反问的过程中，母亲发现这件事情和自己有很大的关系，她自己的想法深深地融入其中并且在很大程度上干扰到自己。她发现自己一直活在儿子的事情里，所以不但失去了自我，无形中也给儿子带来了一定的压力。通过这种反向思考，她发现母子之间存在的问题，一直是因自己的想法造成的。她决定接受事实真相，转变自己，改变家庭关系。

以上案例中这位母亲通过转换思维方式，终于找到了家庭矛盾存在的原因。当她明白自己的委屈、悲伤、抱怨都和孩子无关，而是由自己的想法造成时，她开始重新面对事情的"真相"，开始有了反思、转变，这不仅自己释怀了，也得到了孩子的认可和理解。

因此，在日常家庭沟通中，面对一些烦恼苦闷的事情，我们需要运用自我反问的方式，通过转换思维方式找到解决问题的方法，进行反思，做出全新的改变，而不是陷在事情的表象和自己的想法中。

找出潜在信念

研究发现，如果你习惯用右手，就会不自觉地走向右边的队伍——在你认真思考前，你的潜在意识已经帮你做出了决定。心理学认为，人的意识组成就像一座冰山，露出水面只是意识的一小部分，藏在水下的潜意识，才占到绝大多数。潜在信念，就扎根在你潜意识里，常在你还没意识到的时候，就替你"改了行程"。

在现实生活中，我们在面对一些事情的时候，经常会自然而然的产生一些想法，而这些想法我们早已深信多年，有的甚至成为人生的基本信念。因此在大多数情况下，我们很少质疑它们，它们是潜伏在我们意识下的一股力量，我们把这些思想信念统称作潜在信念。

这些潜在信念在我们生活中经常出现。如社会不是完全公平的，人生是孤独的，人应该会有来生转世，孩子应该听父母的，如果我犯了错，肯定会受到惩罚。它们就像是我们现实生活里的隐形信仰，几乎无所不在，我们能够在平凡的日常生活中看到它们，从而影响我们与他人的沟通。那么，潜在信念往往会在什么条件下出现呢？

一是当别人为我们提供的意见或建议与我们自身的看法不一致时，那就存在潜在信念。

二是当我们手足无措，不知下一步行动该如何开展或者我们不愿接纳别人新的观点和看法时，甚至感觉到自己的行动受到阻碍和限制时，潜在信念往往阻碍我们与他人的有效沟通，限制了我们的发展。

三是当自身的价值和特长没有得到充分发挥甚至带来不好的结果时，我们脑海中也会浮现出一些潜在信念。

四是当我们看到别人发挥特长或者暴露缺点时，我们没有正确对待，并且产生过激的不良反应，那就说明我们正在用自己的潜在信念影响别人。

五是当我们经常感觉自己的身体莫名不适，并且为此疑神疑鬼时，说明这种潜在信念可能正在干扰我们的正确意识，从而令我们产生一些消极情绪。

那么如何找出这些潜在信念？

1. 正确认识自我

尼采说："聪明的人只要能正确认识自己，便什么也不会失去。"事实上每个人身体里都有着巨大的潜在信念。在客观事实和真相面前，首先我们应该多倾听自己心底的声音。

例如，你在上班时经过邻居家门口，听到他们因为一件小事在吵闹。为了赶上班时间，你很想匆匆走过装作没有听见。但是你身体里的潜在信念告诉你，不应该做个冷漠的人，亲戚、邻居有事应该互相帮助，这样大家才能够和谐、友好相处。于是你停下了脚步。

生活中我们会遇到很多这类事情，每个行为背后，都存在潜在信念。只有当你承认它真实存在，才能真正了解并改变自己。

2. 进行自我反问思考

反问自己为什么会这么想？是什么支撑着自己的想法？当一个想法、观点不断地进入你的潜意识时，就会在你心底形成潜在信念。当然，这个想法的输送源往往来自你身边信任的人，比如父母、良师益友，他们在潜移默化中影响着你。

一项调查发现，在善于鼓励孩子的家庭里，孩子长大后的自信心会比整天被批评的孩子高很多，也更容易成功。反之，在经常批评、打骂孩子的家庭里，孩子长大后，会从内心深处不自觉地否认成功的可能性。这就是不断通过想法和观点给孩子输送潜意识的结果。积极的潜在信念会激发孩子的成长，消极的潜在信念会限制和阻碍孩子未来的发展。

总之，潜在信念既能激发我们的无限潜能，成为我们前行路上的动力，又能限制和阻碍我们的发展，我们需要客观公正地对待事物，找出自身的潜在信念，发挥潜在信念的正确作用，从而令其更好地为我们服务。

铭印法则：我是一切的根源

一件事情的发生、发展受很多因素的影响，而作为事件主体的我们，对事情的发展起着至关重要的作用。我们的信念、观点、态度、思维方式往往决定着事情最终的结果。

我们认识事物的目的是认识自己。我们是一切自身行为的根源，是我们内心的想法在响应着自己。

雨后，一只蜗牛艰难地在高高的墙壁上爬。由于墙壁潮湿，每当它爬到一定的高度，就会掉下来。它一次次地向上爬，一次次地掉下来……第一个人看到了，他叹了一口气，哀叹道："我的一生就像这只蜗牛一样，忙忙碌碌却没有结果。"于是，他整日抱怨，日渐消沉。第二个人看到了，他机智地说："这只蜗牛真愚蠢，为什么不从旁边干燥的地方绕一下爬上去呢？我以后可不能像它那样。"于是，他学会了反向思考，变得聪明起来。第三个人看到了，他联想到自己的漫长曲折的人生道路，被蜗牛这种屡败屡战的精神感动了。于是，他变得坚强起来。

生活中不乏案例里的这三种人，面对同一件事情每个人都会有不同的看法，所以最后产生的结果也就大不相同。人们有什么样的心理，就会有什么样的自我期望；有什么样的自我期望，就会拥有什么样的信念；有什么样的信念，就会有什么样的行为；有什么样的行为，最后就会产生什么样的结果。在自己的内心深处，你认为自己是什么样子，最终你就会成为什么样子。

叔本华说："事物本身并不影响人，人们只受对事物看法的影响。"无数人生经验和事实也告诉我们：事情起因在于自身，行动在于自身，成败结果也在于自身，我们既是事情的原因，又是事情的结果。对于一个不会游泳的人，换一个泳池是不能解决其不会游泳的问题的；一个不懂经营家庭的人，怎样换爱人也是无法获得幸福的。我们只有自身做出改变和调整，让自己的态度、观念、思维方式变得更正向，才能带来更好的结果。

一天晚上，小伟不知什么缘故，在家里乱发脾气，甚至摔坏了父亲的唱片机。一家人闻声跑来问小伟究竟怎么了，发生了什么事情。小伟回答说他是故意摔坏爸爸的唱片机的，原因是唱片机声音太吵，惹得他心烦意乱。父亲走过来怒斥道："你这个臭小子，我的唱片机怎么就干扰到你了，你自己生性不老实，脾气暴躁，我看你就是欠揍！"说着就抡起了拳头。母亲看到这一切，非但没有阻止，还把责任转移到别处："肯定是学习压力大，要不就是同学欺负我们家小伟了，不然孩子怎么会无缘无故发脾气呢？"

当出现问题时，家庭成员如果只是一味地把矛头指向其他人或者是从别的方面找原因，而不是从自身情况找原因，反思自己的错误，那么说明他们不懂得通过沟通了解问题的真正原因。小伟因为自己脾气不好，情绪失控，导致了家庭不和谐，这是他自身的原因。如果他认识到自己是这件事情发生的根源并且坦诚面对自己的错误，对自己的行为约束改进，那么问题便会得到解决。从父亲的角度来说，虽然他和这件事情并没有直接关系，但是他的唱片机是引爆这场矛盾的导火线。如果父亲主动从自身寻找原因，想必小伟也不会把责任都推卸在他人身上。最后，母亲虽然没有直接参与这场矛盾，但是究其根源，母亲也应该从自身找原因，正是因为她的溺爱，她喜欢推卸责任的处事方法，纵容了孩子的任性、胡闹。

如果家庭中的每一个人都对自身行为进行检讨，那么便不会出现严重的矛盾纠纷。如果他们懂得通过沟通解决问题，试图去了解、理解对方，那么家庭中也不会存在那么多的冲突。

因此，在日常的工作和生活中我们需要培养自己的反省能力。拥有反省能力的人，会从自身找原因，进而勇于承担责任，寻求解决问题的方法，而不是选择抱怨、推卸责任。

无论我们身处家庭，还是在工作中，都和其他人有着千丝万缕的联系。任何一个家庭、团队或是集体，都是人、事、物之间相互作用的结果，只有每个人清楚地认识自己、反思自己，充分承担自身的职责，才能提升自己、改进自己，才能使得家庭、团队或是集体能更好地运行。

一念之转，告别生气的危害

美国生理学家爱尔马研究发现，人在生气时，10分钟所耗费掉的精力不亚于参加一场3000米的赛跑。人在生气时，生理反应十分剧烈，休内的分泌物比任何时候都复杂，且具有毒性。研究显示，爱生气的人很难保持身体健康，更难长寿。经常生气、情绪失调的人，生病的风险是不爱生气的人的两倍。

随着现代生活节奏的加快，人们的生活压力过大，每天都会遇到各种各样的事情，复杂的、简单的、正面的、负面的，每个人都难免产生情绪上的波动。倘若一直停留在生气或者消极的情绪状态之中，就会引起一连串的问题。比如情绪不好，脸色就会不好看，紧接着就会出现食欲缺乏、失眠多梦的状态，身体还会感到疲惫。心理情绪会在一定程度上反作用于身体机能，从而危害到身体健康。

古人云："体壮曰健，心怡曰康。"也就是说，人的健康包括身体健康和心理健康两个方面，它是两个方面相互作用的结果。心理健康，顾名思义，指的是心态和精神上的健康。

《维摩诘经》上说："一切疾病的根本原因，就是我们内心攀缘外境所产生的杂念。诸多事实和例子证明了，我们保持良好的心态是解决消极情绪的最佳方法。有时候往往一念之转就可以让你以一种崭新的心态来面对一切痛苦和难题，从而出现柳暗花明、豁然开朗的转机。

那么如何通过一念之转，告别生气的危害？

1. 深度了解生气的危害，激发自我保护意念

人天生都存在自我保护、自我防卫的心理，当我们意识到有些事情会给自己带来巨大的危害时，就会不由自主地利用潜意识里的信念来约束、控制自己的行为，从而远离危险，做出让步和改变。

2. 换个角度看待问题

在和别人发生争执或者被别人误会时，我们难免会出现生气、愤怒等情绪波动。这时候，我们需要学会反方向思考。换一种思维方式、换一个角度来看待问题，事情往往没有想象中那么严重。从另一个角度来思考往往还会给我们带来一些心态上的磨炼和提升，甚至带来一些意想不到的收获。比如，老板给你分配繁重的任务，让你周末加班完成。这件事情虽然表面上看起来很苦很累，令你很生气，但是换一个角度来想：为什么老板偏偏让你加班？为什么偏偏给你分配更艰巨的任务？不正是因为老板看重你、信任你吗？而这恰恰也体现了你的能力很强。

在很多时候，如果你一味强调自己有多委屈，这件事情有多糟糕，那么你就永远走不出生气、愤怒之类消极情绪的死胡同。倘若你反过来想；就会变得豁然开朗了。有时候换一个角度思考问题，不仅可以体现自身的豁达、智慧，也能给自己带来意想不到的收获和惊喜。

3. 我们需要以积极的心态来看待问题

你的心态就是你的主人，它是一切意念的核心，只有心态摆正了，才能产生积极乐观的意念，才会有良好的心情，紧接着才会有好的行为。因此在面对挫折、磨难的时候，在内心痛苦悲伤的时候，我们就需要及时调整心态，通过心态的转变来告别不良情绪，告别灰暗的心理。

总之，每个人的心理状态都是变化多端的，我们需要及时对它进行调整。最大限度地朝着积极、健康的方向进行引导、调整，通过意念和心态的强大力量去引导、克服一切不良的情绪，从而拥有积极、阳光、健康的心理。

幸福是拥有感恩的心

人们经常会问：幸福是什么？每个人都有自己心中所认为的幸福。比如美满的家庭、乐观的心态、如鱼得水的人生……如果非要给幸福下一个定义的话，那么幸福就是拥有一颗感恩的心。

感恩是一个耳熟能详的话题，之所以能够被反复讨论，是因为它更好地诠释了幸福、温暖等一切美好的事物。感恩让人与人之间的交流互动越来越密切，关系越来越好，心理越来越接近。

从某种意义上讲，感恩不只是对一个人或一些人心存感激所采取的报答行动，它更是一种植根于内心的素养，是需要我们不断反省与修炼的。

感恩并不仅是口头上的表达或者是蜻蜓点水式的行为，感恩是一种心态，是一种信念，是一种生命的态度，它是一切爱的根源，也是拥有幸福家庭的必要条件。

在2015年上海嘉定区一所学校举办的"孝敬文化节"上，800多名学生齐刷刷地在父母面前下跪磕头，向父母表示感恩，并且在父母的头上拔下一根白发以作留念。现场不少学生和家长都泪流满面，场面感人。一位学生代表表示，平常在家，虽然也能感觉到父母的关爱，也被感动过，但从来没有表达出来。"感觉挺难为情的，不好说出口。今天大家都说，我也就把自己的心声都说出来了。"在仪式上，数百名学生集中在大厅里，向自己的父母行礼，聆听父母教诲。家长何女士说："别说孩子，连我们都没有参加过这样的活动。在这样庄严的仪式下，实际感受比看书印象更深刻。"该校校长傅建清说，他们会定期举办这样的活动，让孩子学会沟通、学会感恩，建立良好的家庭环境。

学校通过举办感恩活动，营造场景，激发了孩子们真情的流露，形成了一次良好的家庭互动交流，使得孩子们的感恩意识更强烈。事实上，真正的感恩就应该是这样自然的情感流露，是不求回报的，是无怨无悔的。对于个人来说，感恩是开启幸福和爱的钥匙。

感恩是一种信念，是一种态度。生活中不乏一些缺乏感恩意识的人，他们甚至认为家庭成员对自己的爱是一种理所当然的付出。一旦父母、兄弟做了什么令自己不满的事情，就开始抱怨、指责他们。实际上我们需要转变这种想法，调整心态，反思并审视自己的行为。

试想一下，如果你可以以一种感恩的心态对待所有的事情，那么你是否会感到一丝欣慰和幸福呢？其实评判一个人幸福的标准，并不在于他得到了多少，而在于他计较了多少。没有一颗感恩的心，就会对社会、对家庭有更多计较，更多苛责，更多抱怨。不计较，是拥有感恩之心的基础。只有转变观念，不计较，才会留意生活的恩赐，才会以感恩之心去体察并珍惜身边的一切，才会知足常乐。

对待生活中的林林总总，我们会经常产生各种各样的困惑和不满。面对这种情况，如果选择一味地抱怨，就容易陷入痛苦和黑暗之中；如果转换态度，学会接纳一切，用感恩的心态来面对一切，生活才会充满爱，充满幸福。

感恩是一切爱的根源，也是家庭幸福的必要条件之一。感恩不仅是行为上的回馈，更是一种心灵上的给予。家庭给予我们父母养育之恩、兄弟手足之恩、夫妻体贴之恩，给予我们精神上强大的鼓励与支持，面对这一切恩惠，一切爱和温暖，我们需要在行为和心灵上做出回馈。

总之，常怀一颗感恩的心，我们的心态会更加平和，信念会更加坚定，生活态度会更加坦然。当我们以平和的心态看世界时，我们便会自然而然地带着阳光、带着幽默、带着愉悦的心情对待身边的每一个人和每一件事。

第二章

有效沟通，构建和谐家庭

——— ※ ※ ※ ———

对于家庭而言，沟通的意义是什么？是构建和谐的家庭。绝大多数家庭问题和矛盾的出现都是因家庭内部没有进行有效的沟通。而建立有效沟通需要通过以下几个方面来实现：首先，是充分的嘉奖。家庭中赞美和夸奖是一定要有的，它是在一定程度上避免交流异化的方式。其次，我们需要掌握沟通的四个层次，即一般性交谈、陈述事实、交流看法、分享感觉。通过每个层次的沟通逐步深化沟通关系，在沟通上达到双赢的效果。最后，通过建立信任感以及充满爱的表达方式拉近关系。同时，在沟通过程中我们也需要学会倾听、学会表达自己的情绪和感激。

———————————————— ※ ※ ————————————————

家庭中的所有问题都可以通过有效沟通解决

家庭既复杂又简单。它的简单之处在于用一个"爱"字就可以表达，它的复杂之处在于会产生出各种复杂的家庭问题和矛盾，如亲子关系间的问题、夫妻之间的问题、兄弟姐妹之间的问题、养老问题、财产问题、生活中鸡毛蒜皮的小事……而这一切棘手的问题，无一不能通过有效沟通来解决。

教育专家说："父母教育孩子最基本的形式就是与孩子谈话。"换句话说，保持家庭和谐的最基本形式，就是家庭成员之间进行有效地交流与谈话。但并不是所有的沟通都是立刻见效的，在沟通中，我们心里所想的可能有100%，表达出来的往往却只有80%，但对方听到的最多也只占60%，听懂的却只占40%，执行时只剩下20%了。这就是"沟通漏斗"现象。这样一来，产生大大小小的家庭问题也在所难免。

有一项关于家庭的采访调查显示：多位女性在接受记者采访时均表示和丈夫之间或多或少存在冷暴力。一位和自己丈夫生活了12年的女士说："我们夫妻生活就是这样，没有大的争吵，没有大的波澜。可这能算得上和谐幸福吗？我们之间的话越来越少，丈夫每天除了必要时和我说句话，其他时间完全活在自己的世界里。一出现矛盾，丈夫就会选择逃避，选择无尽的沉默。我们的关系越来越冷淡。"该女士意识到夫妻间存在的问题的严重性，她觉得即便是吵架，最起码也是在沟通，冷战和逃避只会加剧问题的严重性。因此她不再选择逃避，而是主动同丈夫进行沟通，经常交流自己的看法，分享喜悦。渐渐地，丈夫被她的热情所感化，开始打开了心门，同她进行交流，夫妻间的关系也慢慢地得到了一定的缓和与改善。

从日常的相处中该女士觉察到自己与丈夫间的关系开始冷淡。面对这种家庭矛盾她意识到，双方的心里存在一定的隔阂、障碍，这是问题的根源所在。只有通过有效的沟通、交流，打开彼此封闭的内心，才能缓和彼此的关系，才能解决问题。于是她开始做出让步、改变，主动与丈夫进行沟通。渐渐地，丈夫也予以回应，两人恢复了正常的交流，夫妻之间的关系大大改善。

在现实生活里，很多人在经营家庭的过程中，都会出现各种各样的问题，究其原因就是缺乏有效沟通。很多家庭问题表面上看似复杂，实际上都是由于沟通不畅埋下了隐患，时间一长自然越积越严重。如果针对这些问题，家庭成员之间进行及时而有效的沟通，那么问题自然就会得到更加合理有效的解决。

潇潇是一个14岁的女孩。她经常在日记中透露自己与父母的关系不好，她觉得亲情冷漠，甚至拒绝与父母交流。其原因就在于父母经常剥夺她发言的权利，什么事情都不让她申辩，而是只能听由父母数落和指责。同时，面对她的错误与不足，父母非打即骂，不注重引导。开始潇潇有什么事情还和父母谈。但是受到父母的多次打击以后，慢慢地她不再与父母交流，基本上不再主动找父母说话，一回家就躲进自己的房间里。久而久之，亲情链条就出现了裂痕。

潇潇的父母很少与她进行交流，也很少去关注她内心的真实想法。一旦潇潇犯了错，父母就一味地批评与指责，不仅忽略了潇潇的感受，也破坏了家庭的和谐气氛。久而久之，潇潇与父母之间产生了隔阂。

面对父母的数落和指责，潇潇只有把心底的委屈和想法隐藏起来，拒绝与父母交流，甚至疏远父母。也正因如此，最后引发了一系列的亲子关系问题。可是转念一想，潇潇正处于青春叛逆期，偶尔出现情绪抵触也在所难免。潇潇长期得不到父母的有效沟通与正确疏导，所以才会引发很多的矛盾，这不利于她的身心健康发展。父母一味地按照自己的方式解决问题，忽略子女的感受，那么不仅会使子女产生反感，拒绝与父母交流，也会导致存在的问题不能得到有效解决。

实际上，为人父母，没有谁不想对孩子好；作为夫妻，没有谁不希望拥有和谐的家庭。但是我们的方式和方法一旦错误，就会导致矛盾和问题。倘若每个家庭成员，都能审视自己的错误，转变沟通方式，找到合适的沟通方法，改善自己的沟通态度，进行正确的引导和交流，那么解决问题就会变得相对容易许多。

沟通在解决家庭问题、保持家庭和谐方面发挥着越来越重要的作用。家长想要教育好孩子，建立良好的亲子关系，就需要懂得进行有效沟通；夫妻之间想要维系更好的感情，构建和谐幸福的家庭，也需要懂得利用有效沟通来传递想法和感情。总之，无论是亲子关系问题、夫妻关系问题还是长辈关系问题，一切家庭问题的解决都建立在有效沟通的基础之上。

有效沟通的源泉：100 倍的嘉许

每个人都渴望得到别人的嘉许，它是人的本性所在。每个人都有一种心理期待，希望得到别人的尊重，希望别人能够注意到自己，并且及时地赞扬自己的优点。事实上，无论在人际交往中，还是在家庭沟通中，赞美都起着至关重要的作用。

嘉许就是指强有力的夸奖和赞许，是一种充满美好和赞赏性的语言表达形式。它不仅是人际交往的润滑剂，也是家庭关系的调和剂。心理学研究表明：心理上的亲和，是别人接受你意见的开始，也是对方转变态度的开始。如果你的一切语言和行为都得不到他人的肯定和认可，就会产生一定的隔阂与距离感，那么也就很难进行下一步的有效沟通。从某种意义上来说，嘉许是人际交往最有效的语言，它是进行有效沟通的重要动力源泉，也是一门沟通的艺术。

嘉许是有效沟通的重要源泉。无论是亲近的人还是陌生的人，都需要他人的肯定和赞美。有时候，一句赞美就可以帮助他们建立起强大的自信，就可以帮助他们找到前进的动力。

嘉许是一种智慧，赞美是一种成人之美。真诚的赞美不仅能够激发人们积极的情绪，让人得到心理上的满足，还能使得赞美者与被赞美者之间形成一种亲密互动。一句真诚的赞美，就能使他人如沐春风，让他人愿意敞开心扉与你交流。这不仅取悦了他人，也显示出自己说话的高明。

嘉许是解决家庭问题的重要技巧。在解决家庭问题的时候，以钦佩的口吻赞美、请教长辈，不仅会使他们没有怨言，而且会十分乐意帮忙和沟通。反之，如果你以不礼貌的语气使唤长辈，那么长辈反而不愿接受。对于孩子来说同样如此。你以嘉许和批评两种不同方式解决将会产生不同的结果。

学生 A 拿着不及格的试卷，垂头丧气地回到家，家长看到孩子就问："听说成绩出来了，试卷拿来我看看。"家长看到不及格的分数后，立马火冒三丈，接着就是一顿严厉的批评与指责。学生 A 在责骂声中走回了自己的房间，再也不想和父母多说一句话。

学生 B 同样是考试不及格，当他拿着试卷回到家中的时候，母亲看了一下试卷对孩子说："孩子啊，虽然你现在还是不及格，但是我看到很多你原来都不会做的题目，现在都做出来了，说明你还是有进步的。这次试卷可能有点难，但是只要你认真对待，妈妈相信你，一定会取得好成绩。"听完妈妈的嘉许，学生B接受了她的指导方式，更愿意与妈妈进行交流，并且开始树立自信，从而对未来有了更加明确的规划。

同样是考试成绩不及格，学生B之所以出现了与学生A不同的结果，就是因为学生B的妈妈懂得利用嘉许来鼓励孩子，唤起孩子对其观点的认同，使得孩子更容易敞开内心接纳自己，进行更为有效的沟通。

可以说，嘉许在沟通中所产生的意义是非凡的。嘉许是维系家庭和谐最为有效的交流方式，也是家庭成员之间建立良好关系的重要基础。不过，嘉许并不是随口而来的夸奖，它具备一定的技巧。需要在符合情理、符合语境的情况下，自然而然地带入。

那么如何做到有效嘉许呢？

1. 语言、态度真诚

"诚于嘉许，宽于称道"。讲的就是当我们对他人进行夸奖时，要真心实意，不要虚情假意。因为很多人在夸奖他人的时候往往存在夸大成分，言不由衷。这种赞美在对方看来是无效的，它只是一种客套话，没有真诚的意味，甚至让对方产生一种不舒服的感觉。这种嘉许得不到对方心理上的默许和认同，反而会给人一种虚伪之感，加深双方之间的隔阂。而真诚的语言和诚恳的态度不仅使对方更容易接受，产生共鸣，也会进一步缩短两者之间心灵上的距离，增加亲密度，促进两者之间的有效沟通。

2. 找准时机

打仗讲究天时地利人和，赞美也是如此。只有在合适的场景、合适的时间、合适的事件中嘉许、赞扬他人，才是有效的，才是可以服众的。比如对方正在因为某事而生气，你偏偏哪壶不开提哪壶，大肆夸赞，这就是吃力不讨好。再比如对方刚在某方面犯错，你偏偏就从这方面来夸他，不仅得罪了对方，也打了自己的脸。因此，夸赞别人关键要找准时机，既要看时间、看场合，也要学会看对方反应。

3. 符合情理

世间万事万物，只有情理之中的事物才容易被他人接受。沟通和嘉许亦是如此。符合情理指的是夸奖既要符合外在条件，又要符合内在情理。符合外在条件指的是需要符合旁观者的观点和评判标准。当你夸赞一个人不仅需要得到被赞赏者本身的认同，同时也要符合大众审美的标准，不能太过片面、虚假，否则会遭到旁观者批判与否定，从而难以服众。符合内在情理指的是符合被夸赞者的内心需求。每个人的性格、文化素养、心理需求以及语言习惯都大不相同，内心想听到的嘉许也是不同的。

比如，长辈们希望听到别人夸赞他们年轻时候取得的辉煌成就，同他们沟通时，就需要尽可能地赞美他们的过去；对于年轻人，需要尽可能地夸赞他未来将会有无限潜力和价值，并且举出一些可以证明他们前程似锦的例子；对于孩子，就需要尽可能夸赞他的天赋和喜好，或者尽可能地夸赞他做好的每一件小事，从而更好地鼓舞他们。这样他们不仅可以快速地和我们产生同理心，也会产生更多的沟通欲望，推动双方深层次的沟通。

何谓"异化的交流方式"

在沟通方式中，致力于满足某种愿望，却忽视人的感受和需要，以致彼此疏远和伤害。这种语言和表达方式，被称为"异化的交流方式"。例如使用评判、比较、命令和指责，而不是鼓励和倾听。

当我们难以感受到心中的爱，难以获得他人的理解和认同，甚至被他人忽视感受和需要时，我们开始思考，究竟是什么原因导致的？事实上，正是这种异化的沟通方式在语言和表达层面产生着一定的负面影响。

那么异化的沟通方式大致表现在哪些方面呢？

1.以道德标准进行评判

在日常的沟通中，指责、批评、辱骂、比较以及评论等，都是在评判人。这些评判往往会导致我们陷入是非之中，我们应习惯性用客观的态度和语言来进行表达。当我们碰到不喜欢的人或事，就去评判别人有什么不对；在潜意识里将人分类，把人分为好人或坏人、聪明或愚蠢、有才或无能……但事实上，正如苏菲派诗人鲁米所说："在道德与不道德的区分之外，有片田野，我将在那里见你。"道德评判并非是一切的标准。

很多家庭在沟通中，习惯分析和确定错误的性质，抓住错误不放，而忽视自己和他人的需要。遗憾的是，这种道德评判的交流方式很有可能会招来对方的敌意，使得自身的愿望和他人的心理上的需要都很难得到满足。即便他们接受批评、指责，做出妥协，但是心里也是不情愿、不服气的，甚至会厌恶、怨恨我们。

2.盲目与他人比较

在我们意识里都有这样一个概念，别人家的孩子总是最好的，别人家的父母总是最好的，别人家的一切都是最好的。这种比较的交流方式，事实上就是一种评判形式。这种比较的交流方式通常会蒙蔽我们的真正用意，阻挡爱的表达。当进行比较时，一方面弱者会感到心情低落、自卑，觉得自己没有价值，没有存在的意义；另一方面有些家庭习惯拿自己的孩子与别人的孩子来进行比较，总认为这是在激励孩子，但实际上却否定了孩子，伤害了孩子。

3. 胁迫和勉强

在家庭中，我们经常习惯性地提出自己对家人的要求，实际上这种要求往往暗含着一定的威胁和强人所难。如果最终达到了我们的要求固然皆大欢喜，倘若达不到要求就会伤人伤己。在社会中这是强者所常用的手段，在家庭中这却是家长较常用的手段。家长通过提出各种各样的要求，来勉强孩子做事情，以达不到要求会受惩罚来作为威胁。通常他们口中的"他应该挨打！""他不得不认真学习！"这些表达都属于异化的交流方式。

小华的母亲是一位很强势的人，有着强烈的"望子成龙"心态，经常给小华施加很多强制性的"爱"。比如，周末不给他放松时间，仍旧给他安排一整天的课程，压得他喘不过气来。小华稍有退步，母亲便会大发雷霆，甚至以动用暴力作为威胁。母亲常常能看到孩子眼中的怨恨与不满。每当孩子厌烦的时候，就进行话语威胁："你应该……不应该……"把自以为"特殊的爱"强加在小华身上。渐渐地，母亲这种强迫性的行为，无情地拉开了与小华之间的距离。

生活中，很多家长常常借"爱"的名义绑架孩子，让孩子背负他们的焦虑，完成他们未完成的期待。这种强迫性的要求，就是一种异化的交流方式，他们通常忽略孩子们内心的感受和需要，让孩子无法体会到彼此的爱和理解。

4. 逃避和推脱责任

在日常交流中，每个人都应对自己的思想、情感和行动负责任。但是往往大部分人在表达时喜欢使用"让""应当""应该""不得不"等词语，来淡化或推卸自身的责任。例如："都是你让我这样做，我才会失败。""你应当知道这件事情的。"在我们用这些异化的词语时，我们往往忽视了自身情感的内在根源。通常推脱责任存在以下七大理由：

（1）受个人情况、成长经历影响。如你为什么不去老师那里领取奖励？因为我成绩不好。

（2）他人的行为。如你怎么能怪孩子？因为他不懂事。

（3）莫名的力量驱使。如你为什么要帮助他呢？因为我不得不那么做。

（4）上级的指示。如你怎么可以打发客户走？因为老板让我这样做的。

（5）跟风从众。如你怎么开始说脏话了？因为我身边的人都这么说。

（6）性别角色、社会角色或年龄角色。如因为我是男人，所以我不需要做家务。

（7）抑制不住的冲动。如你刚才怎么这么冲动？因为我控制不住自己。

以上推脱责任的七大理由都属于日常沟通中"异化的交流方式"，人们一般通过这种表达方式来推卸和逃避责任，或者用于满足自身的某种需要。当然，这种异化的交流方式在一定程度上忽略了他人的需要和感受，达不到最终为我们所需的有效沟通，同时也限制了我们对爱的表达。

家庭沟通的 4 个层次

家庭沟通不仅是心灵相交，感情传递的过程，也是互相认同的过程。我们每天接触不同的人，处理复杂的人际关系，各自的见解和认识不同，而家庭沟通事实上就是整合各自的见解，进行相互交流、分享、吸收消化、让各自的见解在最大限度上达成一致的过程。

通常情况下家庭沟通分为四个层次：一般性交谈、陈述事实、交流看法、分享感觉。然而随着相互信任程度的增加，层次逐渐升高，沟通的信息也就逐渐增加。而家庭互相信任程度较高，其沟通层次也相应地高于一般层次。

1. 一般性交谈

通常是指社交应酬式的交谈，经常用于开始语，属于沟通中的最低层次。如"你好""见到你很高兴"之类的寒暄、应酬式语言，这种交谈方式有利于短时间内打开局面，建立关系。一般性交谈是较为简单的交流，不需要进行深入思考，也没有后顾之忧，能够让人内心充满"安全感"。同时一般性交谈也是下一步沟通的开始。如"吃饭了吗？""最近好吗？""有空来玩啊！"……当然，一般性交谈也不可避免存在着一些局限性。如果长期停留在这个沟通层次上，将不利于引导对方说出有意义的话题，无法进行深层次的交流。因此，在家庭沟通中，这种一般性的交谈场景很少存在。

2. 陈述事实

将已经发生的事情表达清楚，不涉及个人感情、好恶、看法、评价。这是相互了解与沟通的第一步。对于了解相对完整的事实与经过很重要。

在沟通双方还未建立信任感时，交谈多采用陈述事实的方式。运用这种沟通方式有利于了解客观情况，也是相互了解与沟通的第一步。这种陈述事实的沟通方式，一般存在于家风较为严格的家庭环境之中。家庭的沟通往往站在比较客观、公正的角度上进行。

3. 交流看法

属于较高层次的沟通，是指沟通双方已经建立了一定的信任，可以相互交流、分享个人的想法与判断。当沟通达到这一阶段时，双方相互的信任已经基本建立起来，或者是有较为明显的解决冲突的愿望。在此层次上，双方容易产生共鸣，获得对方的认同。

通常这种较高层次的沟通，常见于家庭之中。家庭成员之间已经存在固有的信任基础，可以在此基础上直接交流看法、分享观点等。如"孩子，你是不是故意在生妈妈的气？""妈妈，这件事情我觉得不可能是爸爸做的，你相信他吗？""老婆，孩子最近变得沉默寡言，是不是缺少关怀呀？"在这种情况下的交流，一般存在较为明显的解决冲突的欲望。这种沟通层次一般有待沟通双方通过协商解决问题。在此交流过程中，应当认真完整地了解双方相对全面的看法，对事实进行准确判断。

下面看一组对话：

妈妈："老公，你有没有发现儿子最近有什么异常？"

爸爸："是有点儿，我昨天见他放学回来，直接就进房间了。按照平时，他一定会出去玩会儿。"

妈妈："我觉得儿子肯定心里有事。实话告诉你，今天早上我收拾房间时，发现了儿子藏在被子底下的成绩单，你说会不会因为这件事情？"

爸爸："听你这么一说，我看十有八九因为这个。"

妈妈："这样，今天晚上回来，我们一起找孩子好好沟通一下。"

爸爸："嗯，为了孩子的健康成长，我觉得有这个必要。"

父母双方在了解孩子基本情况的基础之上，通过协商，分享交流意见，判断和解决问题。

4. 分享感觉

分享感觉是指沟通双方彼此无戒备心，在互信、有安全感的条件下进行的沟通。这是沟通最有效的阶段。在此层次上，沟通双方尊重彼此间的感情，分享感觉，愿意说出对某件事情的看法。

在这个阶段，沟通双方相互的信任已经完全建立。一般情况下，这种沟通较多出现在家庭之中。家庭作为我们最为信任的基地，也是我们情感表达相对自由的空间。它承载着每个家庭成员，各种情感的宣泄与吐露。相应的语言表达多为："如果这次没有取得好成绩，我就完了！""离开他，我活不了了！""今天见不到他，我一定会难过的！"这种表达是沟通双方分享感觉程度较高的层次，也是沟通交流希望达到的理想境界。

从以上四个不同的沟通层次中我们可以看出，每个家庭的沟通层次可能都不一样，有的家庭停留在一般性的交谈和陈述事实的层次上，还有的家庭沟通是建立在交流看法和分享感觉的层次上。实际上，不管家庭的沟通停留在哪一个层面，我们都有一个共同的目标：通过有效沟通来构建和谐幸福的家庭。这才是所有家庭成员的美好心愿。

有效沟通：接纳、"我信息"、双赢

一般情况下，绝大多数家庭的问题往往会通过孩子的问题呈现出来。由于家庭系统中存在不平衡，导致沟通存在不畅，进而形成家庭系统的不和谐。以上这些问题，都需要建立在有效沟通的基础上来解决。

那么，如何在家庭系统中进行有效沟通呢？

1. 接纳

沟通从接纳开始。一切有效沟通都是建立在对方接纳、愿意分享的基础之上。只有当对方开始接纳你，才会对你敞开心扉，并且交流自己的想法、吐露自己的心声，这样才能展开更为有效的沟通。

场景：母亲正在做家务，孩子（中学生）放学回来看到母亲，将书包重重地摔在了沙发上。

案例一：

母亲："怎么啦？发这么大的火？"（母子对视）

母亲：（很生气）"说话啊！"

孩子："说了你也不明白！"

母亲："你怎么知道我不明白？"

（孩子抓起书包摔门而出）

母亲："哎，先别走，饭还没吃呢！"

案例二：

母亲：（关切地）"怎么啦？发这么大的火？"（母子对视）

母亲："你脸色不好，是不是不舒服？"

孩子："烦死了！"

母亲：（亲切地）"发生什么事情了，能对妈妈说说吗？"

母亲：（诚恳地）"妈妈也许帮不了你什么，但是我很想分担你的烦恼。"

孩子：（犹豫片刻）"也没什么事，不知怎么了，就是心里特别烦。"

母亲："每个人都会有烦的时候，我们边吃边聊，行吗？"

孩子："好吧。"（母子坐下）

通过两个案例的对比我们可以看出，在沟通过程中，接纳是必不可少的因素。它是一切沟通推进的基础。第二个案例中的母亲正是通过不断追问表达对孩子的关心，打动了孩子的心，让孩子开始接纳自己，并且与其进行交流。

2."我信息"

在沟通中通常存在"你信息"和"我信息"。很多人有情绪时习惯用"你信息"来表达："你怎么能这样做""你从来不考虑我的感受""你就是一个自私的人"……沟通过程中，当我们带着愤怒的情绪以"你信息"表达感受并提出要求时，就宛如在指责和数落对方，将错误归于对方。并且"你信息"还会激起对方的自己保护，使得对方会像刺猬一样竖起尖刺进行抵御和反抗。最后问题不但没有解决，反而增加两个人之间的对抗和冲突。因此，"你信息"通常是一种无效的沟通方式。有效的方式是用"我信息"告诉对方你的感受。

场景：八岁的孩子与母亲在商场走散，互相寻找后见面。

案例一：

母亲："你跑到哪里去了，跟你说过多少次了，人多的时候别乱跑，你就是不听。"

孩子：（低头不语）

母亲："你如果下次再走丢，我就不找你了。"

孩子：（委屈地哭）

案例二：

母亲："宝贝，妈妈终于找到你了！刚才把妈妈都急哭了！"（拥抱孩子）

孩子："妈妈我也哭了，我也在找你。"

母亲："刚才你找不到妈妈，是不是很害怕？"

孩子："是啊！妈妈！"

母亲："商场人多，妈妈就怕你走丢了，以后你想去哪里看什么，妈妈陪你去，好吗？"

孩子："妈妈，我以后再也不乱跑了。"

通过两个例子我们可以很明显地看出第二个案例是一种较为有效的沟通，而第一个案例中母亲的话则偏向于"你信息"的表达方式，即指责对方的错误，将责任归结给对方。

3.双赢

一般而言，有效的沟通一定是建立在双赢的基础之上。只有沟通双方相互理解，意见达成一致，彼此才会领会对方的爱和理解，才会有"一起变得更好"的心态，从而做出更好的改变。

人物：父亲、孩子（10岁左右）

场景：孩子正在看电视，父亲开完家长会刚回来。

案例一：

父亲："你数学考试不及格，还在家看电视！我都坐不住！"（父子对视）

孩子："我的作业做完了，我在家等你啊！"

父亲："看你的同桌，数学100，语文98，人家老爸坐在那里多有面子啊！"（孩子低头不语）

案例二：

父亲："看什么呢？"

孩子："动画片。"

父亲："等一会儿咱们一起看一下你的卷子，好吗？"

孩子："好吧。"（片刻之后）"爸爸，我们现在就看卷子吧？"

（孩子给父亲倒了一杯水）

父亲："你说得对，咱们现在就看，争取下次分数考高点儿！"

孩子："我下次一定好好考，不会让您失望的。"

父亲："只要你努力学习，就一定能考好，爸爸相信你有这个能力。"

孩子："爸爸，我一定努力！"

父亲："好，那我们现在就来分析试卷。"

通过第一种与第二种的比较，我们可以看出第二种沟通更容易，达成一致。父亲的内心不仅得到了宽慰，也解决了实际问题，使得孩子对学习更加有信心、有动力。通过这种有效的沟通，最终达到了双赢的效果。

总而言之，有效的沟通一定是通过接纳、"我信息"、双赢三者所产生共同作用得以实现。接纳是一切沟通的开端，是进行有效沟通的必要前提；"我信息"是自我反思后，站在对方角度上客观地评判与交流，它是有效沟通中必不可少的因素；双赢是沟通最高境界，真正有效的沟通一定是建立在双赢的基础之上，是双方在解决问题或者就某件事情达成一致观点，取得双赢的效果。

信任感的建立：同步、引导

俗话说："沟通心灵的桥是理解，连接心灵的路是信任。"信任感贯穿于家庭和人际关系的沟通和交往之中。人们根据彼此间存在的信任关系来决定如何交往，信任感无时无刻不在影响着人们相互间的沟通方式和行为。

心理学认为，认同、信任是沟通的基础。认同就是从内心深处认同对方的观点，和对方产生共鸣。当人们开始拥有共同之处之时便开始相互产生信任，他们会更愿意去相互理解，更愿意去与之沟通。

那么究竟如何在沟通中建立信任感呢？

1. 同步

众所周知，人们都存在从众心理。同样地，人们也存在类似的"同步行为"。所谓的"同步行为"就是指当一个人在表达某一观点或者进行某一行为时，触碰到对方内心，打动对方，并且让对方产生同样的共鸣，从而达到心灵和行为上的同步。在沟通和表达过程中如果你一直主动倾听，并且寻找共同点，使自己的行为和对方保持同步，并且随着对方的转变而转变。那么这种同步不仅可以建立彼此的信任感，也可以加强沟通，增进感情。

通常情况下，以下这些同步较常见。

（1）肢体同步：在沟通的过程中，当对方开始出现与你肢体同步，实际上就是双方开始建立信任感的时候。你对之投以微笑，同样地，对方也会微笑地看着你；你说到失落处，眉头紧锁，同样地，对方也会随之感到悲伤。

（2）声音同步：如果你以愉悦、高亢的声音与对方进行交流，那么对方也会随之兴奋、热情起来。如果对方小声地与你说悄悄话，那么你也会同样降低音量。

（3）视觉同步：当沟通双方存在视觉上同步时，就可以对同种事物或景象表达类似的看法，那么针对同样的视觉也会产生相应的共鸣，从而更好地交流看法、分享感觉。

（4）呼吸同步：当两个人沟通的时候，呼吸节奏的快慢，在一定程度上影响着沟通的节奏和进程，所以，呼吸上的同步无疑是在建立一种潜意识里的合作关系。

（5）角色同步：分为角色期待和角色认定。

（6）调适性同步：沟通双方通过一定的调整和改变来增进同步，达到共同目标。其目的是在某种程度上和对方达成一致的观点，从而建立适当的信任感。

2. 引导

信任感的建立并非是短期性的产物，它不仅要通过沟通中的各种同步来建立关系寻找共鸣，而且需要在沟通的过程中进行一定的引导。在日常的家庭沟通中，引导性的沟通较为常见。

雯雯进入初一后，可能是青春期的缘故，开始产生抵触情绪，也不愿意与家长多说学校里发生的事，学习情况从来不愿说。面对这一情况，父亲开始反思自己的沟通方式，反思自身的行为举止在哪方面给雯雯造成了反感。然后父亲试着放下家长的架子，经常有意无意地讲一些自己单位的事及自己在工作上碰到的困难，与女儿说心里话，交流各自的想法，甚至经常会写小纸条来鼓励女儿，潜移默化地对雯雯进行一定的引导，而不是进行强制性指责、批评。渐渐地，雯雯对父亲产生了信任，也开始向父亲讲一些关于学校和学习上的事。

父亲表示，对于雯雯学习上的失误他从来不直接批评，而是以鼓励和引导为主。当孩子考试成绩不理想，回到家小心翼翼地告诉他时，他会很平静地跟她交流一下没考好的原因，是因为不会做呢？还是其他原因？他像朋友似的与雯雯进行交流。所以孩子也会如实告诉自己："这道题是不会做，那道题是粗心，如果不是自己太粗心，成绩一定会达到多少分。"这时父亲就会顺势引导、鼓励她："不要紧，知道自己的缺点，以后自己上课仔细听，不懂的地方及时问老师，计算时细心点儿，下次一定会考出好成绩。"顺便再给她讲几个因粗心造成不良后果的小故事。之后每当雯雯从学校回来都会很主动地把校内的事情、学习情况和想法告诉父亲，父亲也会很认真地听，帮她分析原因、引导想法。

父亲发现雯雯出现情绪问题时，并不是强制性地进行批判与指责。而是主动进行沟通，在沟通的过程中不断寻找共同话题，在共同话题的推动下增强交流的意愿，也正是通过不断地有效沟通与正确引导，加深了父女之间的信任感，增进了彼此的亲情。

总而言之，信任感的建立一定是在沟通双方产生共鸣、同步的基础之上。只有当两个人产生共鸣之后，才会有趋于同步的行为方式，才会因为同步而产生信任感；只有进行不断地引导才能牵动对方的心，进行更好的交流与互动，才能进一步加强彼此的信任感。

让沟通充满爱

教育专家李镇西认为，爱心和童心，是教育事业永不言败的最后一道防线。当然，家庭沟通亦是如此，离不开爱的表达与情感的传递。

如果说连接远方的是道路，那么连接心灵的就是沟通。沟通作为一种直接的交流形式不仅传达着人们的思想，也表达着深厚的情感。充满爱的沟通就像是一支黏合剂，修补着人与人之间的裂缝，填补着心灵与心灵之间的缝隙，让人们在爱的滋养下享受到彼此带来的愉悦，并且感受到心灵互通的美好。

人作为一种情感动物，在日常交流中真正支配行为的通常是一些充满情感的表达，决定人们想法和选择的更多也是源于情感因素。可以说，绝大多数的有效沟通都是建立在爱的基础之上。

那么如何让沟通充满爱？

1. 相互理解

有效沟通的前提是相互理解。俗话说："酒逢知己千杯少，话不投机半句多。"理解是进入深层沟通的开始。倘若对方发现你不理解他，那么你对他有再多爱的表达都是枉然。

由于不同人的看法存在一定的差异，那么人与人之间要进行有效的沟通和表达，就必须建立在相互理解的基础上。就亲子之间来说，每位家长爱孩子的心都是一样的，但为什么有些家长能够更好地表达爱，更好地让孩子接受，有些家长却不行呢？其原因就在于有些家长理解孩子，懂得换位思考，能够走进孩子的世界，参与他们的生活，了解他们内心的想法，并且知道孩子爱听什么不爱听什么。所以，这些家长在沟通方面注重爱的表达，容易让孩子接受，并且与孩子形成良好的交流互动，同时也更容易体会孩子的感受，更容易找出亲子之间问题的根源所在，从而更好地将其解决。

2. 口吻亲切

在日常沟通中，亲切的口吻和平和的语气更容易让人接受，并且这种温和、充满爱意的表达方式会唤起人们沟通的欲望，从而愿意站在对方的角度和立场上去接受自己的错误和采纳对方的意见。

案例一：

父亲："你整天就知道打游戏，学习荒废了不说，眼睛都快坏了！"

孩子："为什么我做什么你总是看不惯？"

父亲："臭小子，我关心你，你还有理了。"

孩子："你那是关心吗？差点没把我吃了。"

父亲："别在这儿强词夺理，立马滚回房间写作业，不然有你一顿打。"

孩子："哼，每次就会强制性命令我做事，还说为我好。"

案例二：

父亲："孩子，爸爸妈妈希望你能拥有健康的身体和视力，所以适当地放下手中的游戏，休息一下好吗？"

孩子："嗯，好吧。"

父亲："真是个乖孩子，看到你这样自觉，我们相信你在学习方面可以做得更好！"

孩子："哦，对了。我还有几道比较难的题没解答出来。爸爸你能帮我指导一下吗？"

父亲："嗯嗯，当然可以。你这样相信爸爸，爸爸肯定会支持你的。"

孩子："谢谢爸爸的鼓励和爱！我一定努力，不让你们失望。"

从上面两个案例我们可以看出，面对孩子的不懂事，案例一中的父亲把错误归结到孩子不能理解他的爱上面，却没有反思自己的表达方式有没有问题。虽然出发点是好的，但是在表达方面语气过于强硬、话语过于激烈，难免会让孩子产生一定的抵触心理，这样一来，孩子便感受不到来自父亲的爱和理解。相反，案例二中的父亲通过亲切的口吻以及温和的语言，更好地表达了自己对孩子的爱，让孩子更容易接受，也取得了令人满意的沟通结果。

3. 观点鲜明

倘若你想在沟通中尽可能地表达自己的爱，就需要树立鲜明观点。因为在表达过程中，我们往往容易受其他客观因素影响，大大降低我们对爱的阐述和表达，甚至会经常出现沟通目标不明确的情况，如一味地强调对方的错误，还说为对方好；一边强词夺理、咄咄逼人，还说这些行为是源于爱对方等。这些统统都是对爱的观点不鲜明的表达，这种表达会在一定限度上降低、淡化我们的爱，并且难以让对方感受到我们的理解和爱，甚至产生适得其反的结果。

倘若在沟通中利用观点鲜明的方式去表达爱，且不论错误和责任，只谈彼此的爱，彼此的真心付出，那么这种爱不仅可以打动对方，让对方缓和态度，还会让对方渐渐接受我们的观点、意见，此时我们再适当地添加一些要求和意见，对方也会心甘情愿地接受，从而产生意想不到的沟通结果。

沟通中，用全身心倾听对方

美国的朱迪·C.皮尔森博士指出："一个善于倾听的人总能及时发现对方的长处，并且鼓励对方继续下去，而倾听本身也是对谈话者的一种暗示和鼓励，让对方的自信心得到提升。"倾听是沟通必不可少的因素，在某种程度上对沟通效果起着决定性的作用。

外国谚语说："用10秒钟时间讲，用10分钟时间来听。"也有人调侃说："听比说重要，上帝给了人一张嘴，却给了人两只耳朵。"在沟通中，人们不仅需要善说的能力，同样也需要善听的能力。善听，不仅可以了解别人的心声，促进情感的交流与互动，同时也能够得到对方的信任与尊重。古往今来，真正懂沟通、会说话的人，往往都会要求自己先成为一个优秀的倾听者。

当然，倾听并非是随便一听，而是要用全身心去"倾听"对方。

1.集中精力

做事情讲究集中精力，倾听也是如此。一方面，集中精力的倾听能助你充分接收对方的信息，并且做出回应、评判。演讲和闲聊对倾听的要求并不高。演讲是一个人慷慨陈词，陈述己见，听者只是扮演着旁观者的形象。在聊天中，不存在一定的利害关系，可以海阔天空地自如发挥。而沟通就不同了，沟通主要是通过说的方式寻求有关问题的解决方案，需要倾听者出谋划策、发表相应的建议和意见，而不是仅仅听对方一个人滔滔不绝地说。另一方面，集中精力是为了表示尊重和重视。"全神贯注"的倾听会给对方这样一种感觉："我赞同你的观点""我尊重你说的每一句话""说得好，继续说下去！"这样对方就会感受到来自你的尊重和重视，便会建立一定的自信，从而认真对待这次沟通。

此外，为了集中精力，在倾听的过程中我们可以尽量保持全身心倾听的姿态，身体往前倾，并且伴随相应的肢体语言作为附和，让对方更清楚地感受到听者正在认真倾听。

2.耐心沉稳

沟通并不是即时生效、一蹴而就的事情，倾听对方的发言更是一种对耐心和毅力的考验。听者要具备耐心并且保持沉稳，不仅能够予以对方精神和心灵上的支持、尊重，也能在一定程度上和沟通者建立起深厚的情感和信任。

一天，王女士下班回到家，孩子兴高采烈地拿着一张图片跑过来说："妈妈，妈妈，快看我画的飞机！"王女士一边拿着儿子画的飞机，一边充满爱意地看着儿子讲述他是如何完成这张画的。然后，王女士亲切地对孩子说："宝贝，为什么画飞机呢？"儿子天真无邪地说："因为我有一个愿望。"王女士说："哦，是吗？那你的愿望是什么啊？"儿子小心翼翼地说："我想成为一名飞行员，开着飞机在天空中自由飞行。"他还滔滔不绝地跟妈妈分享自己怎么会有这个梦想，以及以后如何去实现这个梦想，如何开着飞机带妈妈去看世界。在整个过程中妈妈都保持耐心、充满爱意地听孩子讲述，并且时不时地引导、鼓励孩子。

在与孩子的沟通中，妈妈作为一位聆听者，她的耐心聆听鼓励了孩子说话的热情。妈妈耐心而沉稳地聆听，不仅表现出对孩子的尊重，保护了孩子的想象力，也树立了孩子的自信，坚定了孩子的梦想。

因此，作为倾听者，在沟通时一定要具备充足的耐心、要沉稳、坐得住，不要急于反驳、评判、下定论等。无论对方的表述有多么荒谬、可笑，都不应该流露出不屑一顾的表情或者是心不在焉的样子。而是应该对对方的表述适当地进行思考、分析，提出一些建设性的建议，进行正确的引导，更好地发挥倾听者的重要作用。

3. 恰当提问

在沟通中，适当地进行提问，边听边沟通，才是一个好的倾听者。

作为倾听者，在听不懂时可以进行提问。通过提问不仅可以扩充自己的知识、获得收益，同时可以给对方树立起高度的自信心；在对方需要存在感时，也可进行提问。这种情况下，可以重述对方说的关键之处，以表示你注意在听，同时也能鼓励对方继续说下去；当对方寻求意见和建议时，也可以提出一些建设性的意见和建议，供对方参考以及解决问题的需要。在这些提问中，我们可以通过肢体语言，如托腮、点头等行为互动，从而鼓励对方继续说下去。

家庭沟通中，如何表达愤怒

美国心理学家珍妮弗·莱纳说："在人紧张害怕的情况下，愤怒是一种合适的情绪，愤怒不是坏事。"事实上，愤怒比恐惧对人的健康更有利。当然，长期的爆发性的愤怒，或者对外部世界持有长期的敌对情绪，也会对自身的健康有害。人是情绪化的，容易随着心情的转换表达出喜怒哀乐等各种情绪。在日常的家庭沟通中，我们常常因为交流存在障碍或者是对方不理解自己而导致情绪化，愤怒就是情绪化的一种表现形式。

那么在家庭沟通中，如何表达自己的愤怒呢？

1. 转移、分散注意力

在家庭沟通中，当受到刺激或者是内心产生强烈不满时，愤怒感就容易袭上心头。此时，如果恶语冲撞对方，就会让事态更加严重。为了避免这一局面的发生，我们需要转移和分散自身的注意力，尽量保持冷静。虽然说起来简单，但实践起来很难，不过我们可以尝试一些方法来转移和分散注意力。比如在心底默念几秒钟，把头转向窗外进行远眺，找一个僻静的地方大声喊，向亲人或朋友诉说心里感受，利用拳击或者捶打柔软物进行宣泄等。总之，方法多样，只要你能够借此来克制强烈的愤怒感，调整自己的情绪和心理，你就可以进入下一个较为理性的沟通环节。

2. 厘清思绪

在日常沟通中我们经常会看到，有时候只是为了一件鸡毛蒜皮的小事，自己就能变得气急败坏、怒火中烧。这时候我们可以在心底问问自己：究竟是什么原因点燃了心中的怒火？这件事情真的有那么严重吗？是不是自己的脾气很反常？这样发怒是想让对方望而生畏，还是希望更好地沟通呢？转念想想，在愤怒的情绪下，我们没法考虑那么多的问题。事实上，如果厘清思绪，试图回答这些疑问，并且提前想到出现这些问题的后果，那么你就会知道在沟通中如何适当地去表达心底的不满，以及如何释放自己的愤怒情绪了。

3. 正确表达感受

心理学家艾耶·古罗·勒内说："我们必须要倾听自己的愤怒，因为它能帮助我们保持个性的完整。"生活中，多数人不仅拒绝面对别人的愤怒情绪，也不想向他人表达出自己的愤怒。然而，一味地选择隐忍并不是解决问题的最好方法，因为这会压抑自己的情绪，不利于身心健康，抑或是导致愤怒累积到一定程度出现更加强烈地爆发。

研究表明，压抑愤怒会引起人体一系列的机能障碍：不满情绪会转化成一种内心的狂躁，让人的神经系统饱受考验，甚至变得更敏感易怒；找一个无辜者做替罪羊，发泄在他身上。最关键的是，压抑愤怒并不能从根本上保护自己的利益，反而会增加自己的痛苦。因为那些压抑的怒火会对人的身体进行攻击，身体会慢慢用不易察觉的病痛来消化这些情绪。长此以往，我们的身体就会遭受一定的损伤，出现病痛等。

在家庭关系中，婆媳不和并不是新鲜事。在童年记忆中，小青经常听见奶奶对母亲的吵骂声。然而面对奶奶的敌意，母亲除了怒目而视之外，便是无休止地压抑。母亲向来言语稀少，也没有太多的朋友，经常一个人默默地做自己的事情。一次，小青放学回来，刚巧碰上奶奶在责骂母亲，看到这一切，小青想上前与奶奶争辩，却被母亲拦住了，母亲再一次选择了隐忍内心的愤怒和痛苦。后来，小青发现母亲经常一个人默默地伤心流泪。最后，由于抑制不住心底的不满，母亲竟选择了离家出走。

面对奶奶的责骂与刁难，母亲并没有表达感受予以回应，而是选择了隐忍、压抑愤怒。最后不仅加深了自己的痛苦，损害了身心健康，也不利于矛盾的有效解决。久而久之，当母亲的愤怒与不满压抑到一定程度就会迸发出来，反而造成了更加严重的后果。

事实上，只要方法得当，愤怒也可以表达出来。我们可以通过以下方法来表达：

（1）说出自己的感受，抛开别人的立场。

（2）指出对方哪些行为让你产生不满。

（3）和对方分享你的期望。

（4）表达你此时的需要，并说明原因。

总之，当我们出现强烈愤怒的心理时，关键就需要找到一个平衡点与正确的表达方式，认清自己的需要，充分合理地表达自己内心的感受，这样不但可以释放出自己的愤怒感和压抑心理，而且可以与他人建立更为和谐的沟通关系。

家庭沟通中，如何表达感激

俗话说："用真诚浇灌友谊，用感激浇灌亲情。"对于家庭、亲情，人们内心深处无时无刻不充满爱与感激。家庭是人们心灵的歇息地，是生活里的加油站。总之，是人们最温暖的归宿。

然而很多人在家庭沟通中，往往因为表达不当，缺失对感激的表达从而淡化了亲情。我们经常会看到生活中出现类似的对话："妈，你怎么这么爱瞎操心呢？""爸爸，下次不要给我买东西了，我现在不需要。""这孩子，天天给我乱买礼物，多浪费钱哪！"事实上，这些表达中，都包含着对对方的感激，但是由于表达方式不当，话说出来，听起来就有些变味，反而含有责怪对方的成分，往往达不到很好的表达效果。

面对以上种种情况，在家庭沟通中，我们究竟该如何表达感激呢？

1. 学会理解、体谅

随着年龄的增长，知识阅历的增加，孩子会变得越来越有主见，对父母的依赖性也在逐渐减弱，许多想法和观点都会和父母产生差异，所以亲子之间出现摩擦也是在所难免。正因如此，我们更不应该责怪父母，而是应与之多进行心与心的沟通和交流，把自己的想法和观点与父母分享，同时站在他们的角度上去理解和体谅他们的观点、处境。

对于父母来说，子女在自己眼里永远都是孩子，他们的心智和阅历尚未成熟，仿佛永远需要父母的庇护和指导，他们的一举一动也时刻牵动着父母的心，因此在日常的沟通中父母习惯性以对待弱者的方式与之交流、沟通，事实上，在他们看来这并非是爱与呵护，而是一种不尊重和不理解。这时候父母就需要适当地改变沟通方式，在理解和体谅的基础之上与其交流，更多的表达对孩子的尊重和爱。

2. 主动交流，用心沟通

主动交流的过程实际上就是建立信任和培养感情的过程。在日常生活中，子女可以每天抽出一点时间，比如饭前或饭后，和父母主动交流，谈谈自己内心的想法或者是倾听他们的想法，与他们一起分享喜怒哀乐。同时，我们也可以创造交流和互动机会，每周至少和父母一起做一件事情，比如做家务、看电视、做运动、周末去看望爷爷奶奶等，在此过程中我们可以一边做事一边与其交流。这样既陪伴了对方，又可以表达自己对他们的关心与爱护。

小芳是一个很懂事的孩子。每天放学后，都会跑去爷爷家，看他是否需要帮忙做事情。在做事情的过程中，小芳会经常找爷爷说话，告诉他学校发生的各种各样的事情。由于爷爷年纪大了，眼睛也花了。小芳为了排遣爷爷的孤独，让爷爷开心，就说她愿意成为爷爷的眼睛，去看不一样的世界，为他描述精彩的风景。为此，小芳经常画一些风景画和搞笑的图片，一边用放大镜放大给爷爷看，一边用心给爷爷解释自己画的是什么，为什么画它，以及它的幽默之处和看点在哪里。这些画经常逗得爷爷哈哈大笑。

小芳主动陪伴爷爷，并且主动地与他交流，用心给爷爷画画，表达了对爷爷的深厚感情。这种爱与感激正是对方所需要的。

3. 合理表达，真诚流露

当对方为我们付出的时候，即便并没有起到多大作用，我们也应该向他们表达谢意，毕竟他们的出发点是好的，爱也是真诚的。我们不能因为结果不尽如人意，而去责怪对方的好意，忽视对方的付出。

当我们对家庭成员心存愧疚或者充满爱意的时候，应该大胆地、坦诚地流露出来，而不要羞于启齿。有很多人存在这样一种现象：对陌生人的一句问候都会感动很久，而对于家人的关心却无动于衷。有些人对陌生人很宽容，对身边的人却很苛刻，甚至经常认为他们的爱是理所当然的。其实世界上并没有什么是理所当然的，没有任何人有义务养你、爱你一辈子。只有学会爱、学会感激的人，才会懂得珍惜爱、回馈爱、获得更多的爱。

因此，学会合理的表达，真诚流露出感激之情，并且珍惜家人给予的关怀与爱，才能更好地维系亲情，构建家庭的温暖与和谐。

家和万事兴

和谐是当今社会发展的主题。我们每个家庭就像是社会的细胞，想要构建和谐社会，首先要有和谐的家庭做基础。而建立一个温馨、和谐的家庭不仅是社会的需要，也是每个家庭成员的共同职责。家庭成员之间的和谐程度直接影响了社会的和谐程度。

俗话说，"家和万事兴，家衰口不停。"如果一个家庭讲究和气，兄弟姐妹间以和为贵，那么这个家庭矛盾自然会减少，家庭自然和和美美，充满幸福。反之，如果一个家庭纠纷没完没了，矛盾愈演愈烈，那么这个家庭肯定是不和谐、不幸福的。整天琐事缠身，家庭纠纷不断，必然会导致心情郁闷、工作懈怠，影响身心健康。

那么怎样才能做到家庭和谐呢？

1. 处理好与父母的关系

《弟子规》中说："入则孝，出则悌，谨而信，泛爱众，而亲仁。"意思就是回到家中要孝顺父母，出门在外要顺从兄长，行为时常谨慎、守信、博爱大众，亲近仁者。这是对家庭和谐的重要概括。

处理好与父母的关系是家庭和谐的重要基础。父母就像一棵大树，是家庭的核心角色，兄弟姐妹各个成员就是大树长出来的枝叶。只有处理好与父母之间的关系，这棵大树才能够枝繁叶茂，家庭才能够和谐幸福。那么如何与父母处理好关系呢？作为子女，首先，我们要尊敬父母。父母不仅给予我们生命，也养育了我们，面对他们的辛勤付出，我们需要把尊敬之情体现在日常交流和行动之中。其次，爱护父母。爱是相互的，父母把世界上最好的爱给了我们，我们也应该用满满的爱回报他们，最后，为父母分忧。都说孩子是父母的贴心小棉袄。在日常的小事中，我们可以为父母分担一些家务；在他们劳累时，可以送上一杯水，给他们捶捶背。这些行动都是在表达我们对父母的爱，同时也在加深亲人之间的感情。

2. 处理好与同辈人的关系

兄弟姐妹之间的关系就是一棵树上的枝干，拥有共同的根系、共同的血脉。因为亲情、因为缘分被安排了在一起。即便我们经常会因为分歧产生矛盾，因为小事，忽略对方。可是转念一想，"本是同根生，相煎何太急"，面对剪不断的亲情，我们没必要去相互为难、相互伤害。

小强与小伟是一对兄弟，他们在不同的地方上学。只有每个周末回家才能见到彼此。兄弟俩每次一见面就和对方分享新鲜事。比如学校最近有什么有趣的事，又出了什么新游戏，最近的学习情况等。可是不超过半天的时间，彼此就会因为小分歧或者小事而发生争执，甚至经常会因此打起来。最近学校放假，他们刚回来又在房间里聊天，可是不一会儿，房间里面就传来拳打脚踢的声音。爸爸妈妈闻声过来，赶紧把两人拉开，并且立刻召开了家庭会议。一家人难得聚在一起，本来是件好事，最后他们却闹得鸡犬不宁、打破了和谐。

小强和小伟不仅没有处理好与同辈之间的关系，也没有意识到家庭和谐的重要性。而是一旦出现分歧和不满，就与兄弟争执，甚至是拳脚相向。最后不仅解决不了问题，反而破坏了家庭的和谐，闹得一家人都不愉快。

实际上，家庭是兄弟姐妹一起生长的地方，需要我们共同去维系它的和谐。兄弟姐妹之间相处融洽与否将会直接影响到整个家庭的和谐与否。正所谓："单丝不成线，独木不成林。"只要兄弟姐妹齐心，相互爱护、相互支持、友好相处，那么所有的矛盾和问题都会迎刃而解，家庭自然会充满和谐。

总而言之，每个家庭都有各自的家庭关系、社会关系，正确处理好各方面的关系，用"和为贵"的心态面对各种纷繁复杂的问题，以和谐相处为准则，共同维系家庭成员之间的亲密关系，这样才能构建和谐幸福的家庭。

第三章

转变心态，让沟通更愉悦

沟通的愉悦与否，在很大限度上取决于彼此的心态。在沟通过程中，当你接纳对方时，对方也会尊重和理解你；当你珍惜对方、关注对方感受时，对方也会充分地回应你；当你热情地与对方进行沟通时，对方也会在沟通中投入一定的感情；当你与对方进行真诚的沟通时，对方也会向你展现真实的自己；当你客观地与对方交流时，对方也会转换角度，理智地与你进行交流。总之，你的心态和状态是怎样的，对方就会以怎样的姿态与你进行交流。

———————————— ※ ※ ————————————

接纳：尊重、理解沟通对象

莎士比亚说："对于别人的话要善于接纳，这样做会使你聪明五倍。"善于接纳他人会给我们带来意想不到的收获，这不仅能够使我们更好地与别人沟通，而且可以营造和谐的人际关系。

通常情况下，有效的沟通都是从真诚的接纳开始。接纳是一切沟通得以进展的前提，在沟通效果和人际关系交往方面起着关键作用。然而，由于每个人都是独一无二的个体，在性格、习惯、思想观念、教育背景、知识素养、成长经历等方面都存在一定的差异。因此，在沟通的过程中可能会出现分歧，一方的有些观点和行为可能会成为对方眼中的缺点和不足之处，从而导致对方的排斥和抵触，无法接纳其观点，不能进行顺畅地交流。

事实上，如果你想真正了解对方，想与其进行有效而长久的沟通，就一定要试着理解对方、接纳对方。接纳他的不足之处，友好而准确地指出他的缺点。那么即使存在分歧和不足，也不会影响沟通的顺利进行。反之，如果你不愿意摆正和放平心态，难以敞开心扉接受来自对方的信息，那么对方无论表达什么，在你眼里都是充满瑕疵的，你们之间进行的沟通也是短暂的、无效的。

那么，如何接纳沟通对象呢？

1. 尊重对方

良好的沟通关系一定是建立在尊重的基础之上。当你尊重对方时，对方也会相应地给予你一定的尊重，会更加重视彼此的交流，并且认真对待，同时沟通双方也会取得情感上的共鸣，体会到沟通的愉悦感。当然，尊重并不是口头上的表达，也并非是单纯地迎合对方，而是对沟通对象的思想、情绪和行为都给予充分的接纳和尊重。一般来说，尊重是在客观、公正的态度下所表现出的具体行为。如认真仔细地倾听对方，适当地点头鼓掌予以肯定，言辞上语气亲切，态度温和等。这种尊重才是对方能够感知到的，才是真诚流露的。

2. 理解对方

人们常说"理解万岁""理解大于天"。人作为独立的个体，在生活中总希望得到别人的理解与认可，理解难能可贵之处就在于它对我们的人生给予肯定和支持，它承载着我们前进的动力与希望。

儿子："我晚上不想吃饭！"

父亲："今晚你不想吃饭？"

儿子："我确实不想吃饭，我太难受了，不想吃饭。"

父亲："看来你真的遇上什么不愉快的事情了。"

儿子："比不愉快更烦。"

父亲："是什么事情让你这样烦恼？"

儿子："今天放学时，班主任说让你去一下学校，要同你谈谈。"

父亲："哦，是这件事情让你感到麻烦？"

儿子："是啊，所以我才烦躁，没有心情吃饭。"

父亲："没事，孩子，父亲理解你。这样，咱们先吃饭，剩下的事情等吃完饭后就有力气解决了。"

儿子："爸爸你说得对！我听你的。"

在与孩子交流的过程中，父亲没有因为孩子的情绪化、不吃饭就强制或者指责他，而是站在孩子的角度上，尝试理解孩子的处境，并且一步步地引导孩子，接纳孩子的观点。他不仅顺利地进行了沟通，也取得了孩子的信任。

在日常沟通中，当我们开始理解对方、站在对方角度上去思考问题的时候，我们的潜意识里就已经开始接纳对方，并且融入对方的内心世界。如果我们一味地站在自己的角度看问题，用挑剔的眼光看待一切，不去理解对方、接纳对方，那么就很难认同对方的观点，最后也就很难同对方进行愉悦的交流。

正所谓："水至清则无鱼，人至察则无徒。"水太清，鱼就无法生存，要求别人太严，人就会没有伙伴。对人或物都不可要求太高，应该尝试宽容地接纳。与他人沟通相处时也是同样的道理，不能要求太苛刻、抓住别人的缺点不放，而是要以宽容平和的心态去理解和接纳对方，这样的沟通才是令人愉悦的。

珍惜：关注对方的感受

自古以来，愉悦的家庭沟通一定是建立在家庭成员相互珍惜、相互尊重的基础上。家庭作为我们每个人的根，自然凝聚着我们更多的情感、更多的情绪。我们每个人都希望自己的家庭氛围是和谐的，沟通是愉悦的。然而，在日常的沟通中我们经常会犯一些错误。比如，作为说话的一方，一味地沉浸在自己的世界，忽略对方心理感受，不管对方爱不爱听、在不在听，这种方式是不利于沟通的，它在一定程度上表现出你不尊重、不珍惜对方的态度，把对方当作"垃圾桶"。作为倾听者，你若在听对方说话的时候，时不时地拿起手机浏览，或者露出不耐烦的样子，打哈欠和眯眼睛等，这都会在一定程度上干扰到沟通者的热情，表现出对其不尊重。

那么究竟应如何关注对方、倾听对方的感受？

1. 倾听、适当回应

在家庭沟通中，作为说话一方，最担心的就是对方在倾听的过程中没有回应，不珍惜、不尊重其表达的内容。事实上，之所以出现这种情况主要是由于倾听者没有进行换位思考，没有关注对方感受。这是很多人在沟通中经常容易犯的错误，当自己表达的时候全心投入诉说，当对方在表达的时候却不能做到全心倾听，甚至经常出现搪塞、敷衍对方的现象。那么如何做到全心倾听呢？首先，放下手中的事情，有的人喜欢边看手机边听别人说话，实际上这就是一种不尊重对方的行为。其次，看着对方的眼睛，适当地对视，令对方感受到你对他的重视。最后，时不时地说几句话来回应对方，以免气氛尴尬。

2. 考虑他人处境

在沟通中人们最容易忽略的就是考虑他人处境。人们经常容易陷入自己的滔滔不绝中，不管对方有没有心情在听。这是不考虑他人处境，忽略他人感受的行为。另外，还有一种沟通是大声呵斥、指责对方，这种沟通是完全忽略他人感受、根本不在意对方的处境的行为。我们都知道人们常犯的错误就是对陌生人很客气，对身边的人却很嚣张。

某便利店内，一名女子对抱着孩子选购饮料的丈夫吼叫："你快点行不行？一个大男人，怎么像个老婆子一样？"转过身，她却立马变了语调："先生，请帮我拿两个冰激凌，谢谢！"这种类似的场景，大家应该经常看到。就像你遇到争吵的夫妻，妻子或者丈夫转过脸看你的时候，会立马态度温和起来，露出笑脸，然后回过头去又继续进行争吵。

在平时沟通中，这种场景比比皆是，我们对待家人，总是习惯成自然地不讲礼貌，不是大呼小叫，就是爱答不理。正是因为我们太熟悉彼此，所以不懂得珍惜彼此，不懂得关注对方的感受，不懂得和颜悦色地沟通，这是一种错误的心态，我们最应该珍惜的沟通对象就是家人，我们最应该在意的沟通对象也是我们最亲密的家人。

3. 找共鸣

一般情况下，共鸣能够在最大限度上令两个人形成相同感受。这样一来一方就不容易忽略掉另一方的感受，进而在两人间产生更多的情感共鸣。那么如何在沟通中寻找更多的共鸣呢？最直接有效的办法就是建立共同话题。共同话题能够让每个人都有话语权，能够让每个人都感兴趣。所以沟通的推进也就显得顺利和谐很多。

在日常生活中，我们可以自然而然地根据时间和环境来切入共同话题。我们可以在家人欢聚一堂的时候，和大家一起讨论某件大家都感兴趣的事情；我们可以在全家，进行户外活动的时候，一起来回忆往事；在欢乐的气氛下，大家都愿意倾听彼此的表达，更愿意适当地做出回应，珍惜在一起时的美好。

热情：在沟通中投入情感

在与人相处的过程中，每个人都希望别人对自己热情、慷慨、饱含深情。不论是在家庭生活中还是工作中，都希望与他人相处与交流时是充满热情、充满温暖的。苏霍姆林斯基说："对人的热情，对人的信任，形象点说，是爱抚、温存的翅膀赖以飞翔的空气。"由此可见，热情是人们日常生活中必不可少的情感枢纽，在人与人相处的过程中起着润滑和推动作用。

通常情况下，丰富多彩的人际关系与积极热情的群体是每一个人日常生活与工作事业的需要。然而，现实中很多人这方面的需求都没有得到满足。他们经常抱怨朋友太少、生活乏味、工作无聊，感叹社会交往缺少热情、缺少真心、缺少爱。

事实上，很多人之所以缺少真情、缺少朋友，是因为他们面对人际交往时经常采取消极、被动的方式。在人际沟通中往往很被动，只做响应者，而不是主动发起者，没有在沟通的过程中投入太多的热情与情感，却总是期望别人主动投入热情。因此，在沟通中我们经常感到孤独。

心理学研究表明，人们在人际沟通中不能主动热情、真情投入的限制因素有两点。第一，担心自己的主动得不到他人回应；第二，人们普遍在心理上对热情交往存在误解。那么针对以上两种情况，我们应该如何保持热情，在沟通中投入情感呢？

1. 突破心理障碍

很多人在与人沟通的过程中都会想到这样一个问题："如果我主动说话，他不理会、不回应怎么办？"这是人们存在的一个普遍心理。他们生怕自己的主动交往得不到别人的回应，从而使得自己陷入尴尬和窘迫的境地。但实际上，每个人的内心都热切渴望与别人交往、沟通，因此面对这一情境我们需要突破心理障碍，建立热情主动的心理模式。

2. 敢于尝试

人们对热情沟通这件事经常会过度解读或者存在误解。比如，有的人认为对别人热情会给人一种虚情假意的感觉；还有的人则认为热情的沟通好像是在讨好、奉承别人。其实这是人们心里的一些自我想象，根本没有任何可靠的证据来支撑，反而会阻碍我们的行为方式，限制我们的交往，从而失去良好的人际关系和饱满的生活热情。与其把自己放在自我想象的世界里，倒不如敢于通过尝试来论证一切，毕竟实践是检验真理的唯一标准。不去勇敢尝试、付诸行动就永远不会得到沟通的心得、交往的热情。

人际关系学家做过这样一个调查：

在火车的隔间车厢里，平均每个车厢里有 6 个人。如果这 6 个人里面至少有一个人是热情主动的，那么他们总是谈得热火朝天，一路上有说有笑。但是，倘若这 6 个人里面没有一个人主动沟通，那么他们就会始终处在尴尬的气氛当中，各自不理对方。

调查结果证明了当你尝试主动与别人交流的时候，你的热情和情感的投入会引导对方做出相应的回应，有时候沟通是从一个人开始的，结束时却是一群人。

3. 调整情绪

在沟通的过程中，情绪在很大程度上影响沟通效果。如果你的精神状态是涣散的，情绪是低沉的，那么对方也就感受不到你的热情。反之，如果你的精神状态是饱满的，情绪是高昂的，那么对方也会被你感染，也会回应相应的热情。

除了情绪会相互影响之外，还有一些是由我们自己内在的原因决定的。在交流期间我们常常会感觉自己受到他人的冷落，事实上这只是一种主观感受，是因为我们内心对他人的"期望值过高"，而他人也并没有刻意冷落，所以，在这时大可不必表现出低落、冷漠的情绪状态，而是应该调整情绪，以积极热情的态度唤回对方的重视和在意。即便是由于某种原因，我们被对方冷落了，也要以宽容大方的心态来面对这一切，自觉调整好自己的情绪状态，不计较对方的态度，依然故我，在沟通中投入真挚的情感，与周围人保持热情相处的关系。长此以往，良好的人际关系、热情而真挚的交流便会融入我们的生活中。

真诚：沟通中表露出"真的我"

美国作家艾琳·卡瑟拉说："要让新结识的人喜欢你，愿意多了解你，诚恳老实是最可靠的办法，是你能够使出来的最大的力量。"真诚作为一种宝贵的精神品质，是我们在日常交往中所应具备的重要素养，是进行深入沟通的先决条件，更是取信于人、获得深厚友谊的基础。

所谓真诚沟通，指的是在沟通时要真心实意、态度诚恳、不虚伪、不说假话。早在春秋时期就有"与人真诚"的说法。孔子曰："巧言令色，鲜矣仁"。其意思是说：与人交流花言巧语，一副讨好人的样子，这样的人是不真诚，没有仁德的。古往今来，真诚在人际沟通中一直有着深远的意义和重要作用，它是人们为人处世的重要准则，也可以体现一个人的好修养。那么应该如何表达真诚的自我呢？

1. 流露真实、不做作

一个人内在流露出的真实和坦诚往往是最宝贵的。这种真诚不仅给人带来真实、亲切的感觉，还能够通过沟通更加全面地了解彼此。有利于沟通的深入进行以及感情的建立与巩固。然而真诚的表达并非是说几句大实话那样简单，真诚也需要一定的技巧。我们可以通过以下几个方面的动作技巧来表达真诚。

（1）眼睛。眼睛是心灵的窗户，通常最能够自然流露出真诚。与人交流时真诚而富有情感地注视，尽量不要目光斜视、躲躲闪闪或者眼睑垂下、不敢直视。

（2）握手。握手是表达友好、真诚的方式，但是握手的时间与轻重也有一定的讲究，凡事都应讲究适度。恰到好处的握手，是大方地把右手伸出去，手掌和手指全面地接触对方的手。

（3）微笑。微笑可以最大限度流露善意和真诚，自然的微笑就如一缕温暖的阳光，照射到人们心里，令人充满暖意。伪装的假笑、勉强挤出的笑，都缺少真诚。

（4）举止。举止不当会给人一种做作的感觉，而自然、大方，从容不迫的举止，则在无意间传达着舒适安然之态。

（5）夸赞。夸赞也讲究适度，夸赞别人要发自内心，是自然而然的感情流露，否则就会被归入奉承的范畴。

总之，真诚是举止动作与语言表达之间相互协调的艺术，也是举手投足之间智慧的迸发。

2. 不刻意掩饰缺陷

每个人生来都不完美，不管是在外在形象方面还是思想心智方面都存在或多或少的瑕疵与缺陷。就外在形象来说，生活中有很多这种例子：

很多人皮肤上有斑点，却借助浓妆来遮盖自己的缺陷，这样在沟通中反倒带给对方不自在、不真实的感觉；很多人天生个子矮小，利用厚厚的增高鞋垫来增加自己的身高，不仅会给别人一种不自然感，也让人觉得滑稽搞笑；一些人明明文化素养不高却偏偏装文化人，讲究虚无的生活品位；还有一些人，明明不是专家，不具备专业知识，却偏偏借助某些虚假头衔来抬高自己的身价，来满足虚荣感。

这些行为都是在刻意地掩饰自己，通过一些较为明显的方法来掩盖自己真实的一面，有时候往往会被人看穿，让人笑话，给人留下不真实的印象。

事实上，大大方方地展现真实的自己，反而会让人们更加容易接纳自己，甚至会让人们忽略、忘记我们的瑕疵与不足之处，而赞赏、佩服我们的坦荡与真实。反之，越是遮遮掩掩、弄虚作假，越会带来适得其反的效果。

3. 不要不懂装懂

人们常说："不怕不懂，就怕不懂装懂。"在日常沟通交往中，不懂装懂的人是令人讨厌的。不管是在工作、学习还是日常生活中，不懂装懂、班门弄斧，往往给人一种"不靠谱"的感觉，到头来欺骗的终归还是自己。特别是在资深人士或者长辈面前，不要假装什么都懂，以免贻笑大方。对待自己不了解、不清楚的东西还是应该虚心请教，即便是在与同辈或者晚辈的沟通相处中，也应该不耻下问，共同探讨问题。这样才会让人愿意与你交往并且进行交流。

总而言之，在沟通中表露真诚的自我，不仅需要在形象、举止方面真实，也需要内在心理、言辞表达上面真诚。即沟通时要胸怀坦荡，不存芥蒂；要真心实意，毫无伪装；要大大方方、坦坦荡荡。

客观：跳出自己的视野

精神分析心理学家弗洛姆说："能进行客观思考的能力就是理智，以理智为基础的感情是谦恭。"我们只有摆脱了童年时代全知全能的幻想，才能客观地运用自己的理智，从客观的角度看待问题。沟通是一种理智的行为表现，而这种表现是通过摆脱原有的思维方式来实现的。

通常来说，客观相对于主观而言，是不带个人偏见的。形象点来说，客观像"一个客人一样看待某件事情"。"客"相当于局外，从局外看局内的事物，不被局内事情所影响，相当于站在一个局外的角度上进行沟通交流。

然而在绝大多数的沟通中，人们常常带有一定的情绪色彩，不能站在一个客观的角度上，跳出自己的视野、冲破主观的枷锁来公正客观地对待事物。双方的沟通往往拘泥于自己的主观世界，因此在沟通过程中对于观点的一致性和问题的处理都产生不了有效作用。

那么，该如何进行客观沟通呢？

1. 跳出原有的视野

很多时候，我们在沟通的过程中，经常会带一些固有思想、个人偏见或者一定的感情色彩来发表自己的看法、评价某件事情。比如，许多父母受传统思想的束缚，认为女孩子不应该主动向陌生男人示好；女孩子大声说话就是不懂事、不矜持；女孩子不遵守条条框框就是不懂规矩。还有一些人在沟通中，因对某个人、某件事情抱有成见，采取一味批判和否定的态度，不能跳出个人偏见，进行客观公正的交流。还有一些人在沟通过程中，因为涉及熟悉亲密的人，或者触及情感层面，带有一定的感情色彩，被感情所牵引，不能正确、公正地看待问题，发表看法。

为了进行客观而有效的沟通，我们必须跳出固有思想和个人偏见，以一种旁观者的心态来看待问题，不要把自己的感情色彩带入其中。对待问题进行正确的评估交流，这样的交流才是有效的。

2. 换位思考，多听别人的看法

在沟通交流中，一个人的思想是有限的，其观点看法也会受到限制。这时候，两个人的思考方式就会多于一个人的，因而会相对更加全面。在对方的观点符合我们心中要求的时候，我们会欣然接受，当对方的观点不符合我们心中要求的时候，我们内心可能会产生异议、否定、抗拒等。这个时候就会容易陷入自己的思维中，很难打破局限，甚至会出现言辞不一、沟通不合的现象。此时就需要我们潜意识里进行心态的转变，尝试着换位思考，倘若我站在对方的角度，我会如何面对这件事情、会有怎样的看法、意见等。如果经过换位思考也难以认同对方的见解，那我们就尝试着多听对方的看法，这样总会在其观点中找到共鸣与有效之处，为我们自身所用。

一位母亲很喜欢带着4岁半的女儿逛商店，可是女儿不愿意去，母亲觉得很奇怪，商店里商品琳琅满目，她怎么会不喜欢呢？直到有一次，女儿的鞋带开了，母亲在蹲下身子为孩子系鞋带的时候，突然发现她的眼前晃动着的全是其他人的腿和胳膊。蹲在和孩子同样高度的位置上，她才突然意识到，难怪孩子一直拒绝逛商店。于是，她抱起孩子，走出商店。从那以后，即使必须带着孩子去商店的时候，她也是把孩子抱在怀里或者扛在肩上。母亲学会了"蹲下身来看看孩子的世界"，站在孩子的角度想问题。不仅跳出了自己的视野，也充分考虑到了孩子的心理需求。

所以说，我们做事情想问题都要推己及人，也就是"换位思考"，这样才会在人际交往中游刃有余。

3. 多角度看待问题

在沟通过程中，我们不仅要跳出自己的视野范围，更要在此基础之上多角度去看待问题。通常多角度看待事物是为了通过不同角度筛选和评析，整合信息，总结出有效而客观的结果。在沟通中，我们可以站在社会的角度、他人的角度、自我的角度等，进行不同角度转换，找到相对客观、公正、全面的观点，从而解决问题。当然，在遇到特殊问题时，也需要具体问题具体分析，找到问题的关键所在，有针对性地与对方进行沟通。总之，沟通时应学会灵活变通、站在多角度、多方位的层面上进行交流，从而做出更为理智、客观、合理的表达。

诚信：不轻诺但言而有信

孟子曰："车无辕而不行，人无信而不立。"意思是说，一个人如果没有信用的话，是无法在社会上立足的。诚信在很大程度上决定了人的发展方向，中国人自古以来就很讲究信用，人们甚至把信用当作衡量一个人基本素质的重要标准之一。

究竟何谓"信"？"信"字左边是"亻"右边是"言"，即"人言为信"。《说文解字》中说："信，诚也，从人言。"意思是说，一个人说出的话，就一定要兑现，不可以说一些欺骗他人的话。

然而在日常沟通交流中，许多人经常会出现言而无信、言行不一的现象。比如哄骗孩子、编造事实，随口答应的事情抛在脑后……虽然说可能只是一些鸡毛蒜皮的小事，产生不了多大的影响，但是这种行为不仅会纵容自己继续犯错，也会误导孩子，对家庭的和谐沟通带来不利的影响。只有家庭中的每一个成员都意识到诚信的重要性，并且不断地培养诚信意识，才能构建出友好和谐的家庭氛围。

那么，在家庭中如何做到诚信沟通呢？

1. 建立诚信意识

诚信对于社会成员而言是不可缺少的重要品质，同样的，对于家庭成员而言也是重要的素养。然而许多家庭容易忽略对诚信意识的建立与培养，尤其是在教育孩子方面。孩子尚处于学习成长期，他们的大脑中对于诚信的概念尚未成熟，在日常沟通中经常容易走进不诚信的误区。他们很可能随口答应别人一些事情，却因为没有重视或者找其他各种理由推托。因此，家庭对于孩子的诚信意识教育还是很有必要的。如何在日常家庭沟通中让孩子建立诚信意识呢？一方面，我们可以有意识地引导孩子思考关于诚信方面的问题，让孩子深刻了解到什么是诚信。另一方面，我们可以经常给孩子讲一些关于诚信方面的案例和故事，来加深孩子对诚信的理解，从而帮助他们建立正确的人生观、价值观。

此外，我们也可以在日常生活的细节中帮助孩子建立诚信意识，比如，给孩子明确规定几点钟起床、放学回家先写作业、娱乐时间有多久、是否帮家人做家务等。对于孩子这些生活细节，我们需要在日常沟通中监督他们、引导他们说到做到。长此以往，孩子就会慢慢地在心里建立起诚信意识。

2. 语言上保持诚信

人与人之间的沟通中，使用最频繁的就是语言。语言对于家庭成员交往和维护家庭和谐起重要作用。如果语言不能够建立在诚信的基础之上，那么人与人之间的沟通交流就会变得不真实，也就失去了沟通的意义。更重要的是，家庭沟通中的一言一行都在影响孩子的身心发展。

一位母亲曾经讲过这样一件事情：

有一天，我在家里接到一个找我丈夫的电话，由于丈夫示意不愿接听，于是我就告诉对方丈夫不在家。等我挂掉电话后，儿子好奇地看着我说："妈妈，爸爸明明在家，可你刚才为什么要骗电话里的人说他不在家？"我同孩子解释："你爸爸不想接对方的电话，所以我只有这样骗人家了。"说完这些话之后，我也没有想到会给孩子带来不好的影响。

直到有一天，我被老师叫到学校，才意识到自己不诚信的行为误导了孩子。那天孩子的家庭作业没有完成，老师开始没有一一检查，只是对全班同学说："请作业没有完成的同学自觉站起来。"儿子为了不被惩罚，不愿承认自己没有完成。后来经过老师一一检查，发现孩子在骗老师，并且指出这是不诚实的行为。后来我问孩子为什么要撒谎，孩子竟然对我说："我不想被老师惩罚，再说了，上次爸爸不想接别人电话，你不也撒了谎吗！"听孩子这么一说，我才意识到事情的根源在于我，作为家长我没有起到好的示范作用。

由于母亲无意中撒了谎，孩子尚未形成良好的辨别能力，受母亲的影响，在学校为了不受惩罚，于是选择了撒谎。因此，在日常家庭沟通中，父母需要自身在言语上保持诚信，才能正确引导孩子的一言一行。

3. 行动上保持诚信

人们常说言行一致，指的就是说话和行动需要一致。在家庭沟通中很多人喜欢轻易允诺，却很少落到实处。比如，家长轻易许诺孩子某种要求，却迟迟不做到；为了达到某种目的，哄骗孩子等。很多人总以为这些小哄小骗孩子不会当真，所以行动上落不落实就显得没那么重要。

实际上，只有落到实处的行动才是证明我们诚信的重要依据。对于我们不能做到的事情就不要轻易允诺别人，对于可以做到、有把握做到的事情，就一定要言必出，行必果。正所谓"古者言之不出，耻躬之不逮也"。倘若做不到，绝不轻易许下诺言，更不随心所欲说话。一旦许下诺言，就必须说到做到。

第四章

夫妻沟通：幸福比对错更重要

在夫妻沟通中，幸福比对错更重要。有时候吵架也是一种沟通，而不是计较彼此间的是非对错。吵架也应讲究一定的技巧。在争吵中我们需要就事论事，而不牵扯更多的问题；我们需要客观陈述事实，也需要注意倾听事实。如果在沟通过程中遇到难以把控或者是难以调节的场面，应懂得暂停，缓和氛围。并在夫妻相处的过程中，应不断地改进自己、修正自己，从而更好地与对方相处，构建和谐幸福的家庭。

※ ※

吵架也是一种沟通

在人们传统观念里，一辈子没红过脸的老夫老妻是后辈们学习的榜样。然而，美国《家庭心理学杂志》却提出了不同的观点：天天相敬如宾不见得最幸福，会吵架的夫妻才生活得最美满。

事实正是如此，吵架也是夫妻之间的一种沟通方式。没有一对夫妻不吵架，这是所有过来人的经验。关键是我们应该认识到如何通过吵架来淡化矛盾、解决冲突。即便是吵架，如果沟通得好，不仅不会伤了夫妻之间的和气，反而会有利于形成良好的家庭关系。当然也有一些不当的处理问题方式，非但不利于改善家庭氛围，反而激化了矛盾。很多家庭在发生矛盾的时候，经常一言不合就冷战，不接对方电话，不主动找对方说话，一味地选择逃避、忽略对方。时间久了，冷掉的是感情。

据了解，在家庭暴力中，冷暴力的发生频率非常高。冷暴力指的就是冷战。一些教育程度较高的家庭，有"君子动口不动手"的观念，觉得用拳头解决问题有失身份；还有一些人从精神上折磨对方，对其精神上采用冷暴力，考验各自的耐心。

日常生活中，以上情况十分常见。这一类夫妻相处的过程中往往忽略沟通的重要性，并且会选择其他不当的方式逃避或者对抗，来胁迫对方妥协。这种夫妻之间的相处模式非但不利于解决矛盾，甚至会加剧矛盾，淡化夫妻之间的感情。适时地争吵可以直观感受到对方心里的感受，也可以找到矛盾的问题所在。有时候适当的争吵也是一种交流和增进感情的方式。

一位女士透露，自己已经很多年没有同丈夫沟通了，就连吵架都成为一种奢侈，因为吵架最起码也算得上是在沟通。回到家里，他们很少谈话，总是各自做各自的事情，并且丈夫经常拿工作繁忙来当作离开家的借口。久而久之，她和丈夫之间产生了隔阂，心里有话也不知从何说起，完全活在自己的世界里。这种没有争吵的夫妻关系算得上幸福吗？她表示很多时候好想跟丈夫大吵一架，来结束这无休止的冷战。

这位女士说出了很多人的心声。面对家庭矛盾，无声的沉默更让人痛苦，长期的压抑更让人觉得还不如争吵一场，因为争吵也是一种沟通。在现实生活中，有很多家庭都存在这种无沟通、冷暴力的现象。这种长期的压抑、冷战，虽然表面上问题的严重性没有显现，但是实际上它不如一场吵架来得痛快，那样至少可以宣泄出各自内心的不满，可以让彼此意识到沟通的重要性，才能更加正确地对待矛盾，解决问题。

有一篇文章名叫《有一种爱情叫作相濡以吵》，讲的就是爱情需要争吵。主人公两口子从结婚时一直吵，直到其中一位去世。仍旧在世的老人经常回忆起两个人吵架时候的情景，蓦然感到从未有过的孤单。他怀念两个人因为小矛盾争吵得面红耳赤的样子，怀念那种沟通方式。

夫妻之间共同经历的事情会很多，在相处过程中，产生争吵也是在所难免，适当的吵架就好像是夫妻平淡生活里的调味品，令生活变得有滋有味，让夫妻之间形成情感的互动。当然，吵架不能不分轻重，随心所欲，而要把握好分寸，掌握好尺度，这样才可以解决两个人之间的矛盾，磨合彼此的脾气，调整夫妻之间的关系，从而让爱变得更有味道、更有质感。

因此，人们应该抛开那些认为吵架就是夫妻关系不好的旧观念，毕竟吵架的夫妻才是正常的。对于夫妻来说，吵架既是一种语言的沟通，又是一种情感上的沟通。因为只有愿意跟你吵架的人，才是愿意理解你和包容你的人。

就事论事，就人论人

俗话说："就事论事，是处世的原则；就人论人，是做人的原则。"对事对人，人们都有一定的原则和标准。当然，夫妻之间也讲究就事论事，它是能够解决现实问题的有效沟通方法。

何谓就事论事？即按照事物本身的性质来评定是非得失，又指仅从事物表面的客观现象单独、静止、片面地议论，抛开其背后的起因、背景、论述者的主观立场、当事人的身份等。很多人容易忽略一点——"就事论事"不等同于"对事不对人"。虽然它们的含义大致相同，但是仍有一定的差异。它们的区别在于，就事论事仅限于"论"，并且不仅把讨论的对象从"人"中独立出来，也从其他的"事"中独立出来进行讨论。

然而，在夫妻相处和日常沟通中，人们很难去遵循这个原则，抛开事物的起因、背景和对方主观立场，进行客观讨论。因此，夫妻吵架或者是有矛盾的时候会经常出现以下几种情况：把原来的旧账翻个底朝天；在吵架或是有矛盾时将许多事情扯到一块儿；在沟通时，过多地进行人身攻击；在争吵时，互相揭老底……

针对夫妻之间在解决问题时出现的种种情况，我们应该如何做到就事论事，就人论人？

1. 不翻旧账

绝大多数夫妻在沟通过程中，如果就当前的问题找不到合适的对策，就喜欢翻旧账，习惯拿以前的例子来说事情，借此来打击对方。最后导致道理越说越乱，事情越理越不清。长此以往，只会让夫妻间矛盾加深，破坏婚姻的和谐。

美国脱口秀节目主持人麦克格劳在《菲尔博士》节目中表示，他能够以90%的准确率来判断一对夫妻在结婚五年内是否会离婚。有一次，麦克格劳得到一对夫妻的许可，前去这对夫妻家中进行节目拍摄。拍摄过程中麦克格劳看到，丈夫与妻子在沟通中会经常出现争吵，并且在争吵过程中，妻子总是会扯出以前的事情来攻击丈夫，拿以前的错误来指责丈夫。而丈夫觉得妻子不可理喻，觉得自己和妻子说不清楚任何道理，于是在争吵几句之后选择了冷战。然后，没过几天，又出现了类似的争吵。同样的方式导致同样不欢而散的结果。在拍摄完录像之后，麦克格劳马上断定：如果这对夫妻不能做出调整，改变各自的行为方式，那么他们距离离婚就不远了。麦克格劳指出，这对夫妻在沟通过程中，无论是为了金钱、衣食住行还是其他方面的问题都能发生争吵，而且每次的吵架方式都是一样的，总喜欢翻旧账，把对方之前犯下的错误、陈年旧事都拿出来抖一抖。麦克格劳认为，虽然争吵有时候对于处理夫妻关系是有好处的，但是必须就事论事，也就是说抓住某一件事情解决，不能翻老账、记旧仇。

在现实生活中，这样的夫妻沟通模式很常见，他们总是喜欢在争吵中牵涉太多，最后导致问题越来越复杂，矛盾也得不到解决。实际上，夫妻之间的相处最忌讳的就是翻旧账，或者一味地按照固有的方式争吵。我们应该站在客观的角度上就事论事，理智地进行沟通。

2. 不牵扯其他事情

夫妻之间解决问题的时候，如果就一件事情来分析，处理起来就会变得简单很多。如果牵扯过多，解决起来就会变得格外复杂，格外凌乱，也就变得困难很多。这也就是为什么那么多夫妻之间想要通过沟通解决问题，却不知道从何下手，不知道从何说起的原因。

事实上，在处理夫妻之间问题的时候，我们需要清楚地意识到一点：我们在解决这个问题，而非其他问题；我们需要抓住这件事情，而非所有的事情。两个人因为哪件事情而产生矛盾，那么应只就这件事情来沟通，寻求解决办法。切忌在吵架或是有矛盾的时候将很多事情扯到一块儿。这样不仅使事情变得复杂化，也会让对方觉得你不可理喻。

3. 不带人身攻击

夫妻关系的和谐相处一定是建立在尊重和理解的基础之上。只有尊重、理解对方，不贬低、不攻击，夫妻双方才能够进行友好沟通，才能够心平气和地面对问题，从而认真、客观地解决问题。

一般而言，夫妻相处的理智程度体现在日常的沟通之中。如果是解决同一件事情，不理智的夫妻会放大对方身上的错误，揭对方的老底，进行一些人身攻击来证明自己的观点，捍卫自己的立场。而理智的夫妻则会从这件事情本身客观地看待问题，就事论事，就人论人，而不是携带人身攻击，中伤对方。

所以说，夫妻之间产生问题和矛盾并不在于对方有多么大的过错，也不在于对方有多么不可理喻，而是取决于我们在解决问题的时候有没有就事论事，就人论人，有没有抓住某一件事情，进行客观而独立的讨论。

客观陈述事实，注意倾听事实

常言道："用事实说话，才能让人心悦诚服。"客观事实往往是我们在陈述一个观点时强有力的证明。在解决问题时，客观地陈述事实，才能有利于进一步改变事态。对于夫妻之间的相处和沟通，也需要借助陈述事实、倾听事实。

然而在日常生活中，人们习惯于主观地去表达自己的想法，很少有人陈述客观的事实，即便面对同一件事情也会存在分歧，产生不同意见。针对这些矛盾分歧，人们总是试图去改变对方的想法，其结果经常是争论不断、不欢而散。

因此，在夫妻之间的沟通中，想要对方接纳你的观点，想要达成一致的认同，你需要客观地陈述事实来论证你的观点，从而做出更加理性的判断与表达。同样的，想要理解对方的观点和立场，也需要注意倾听事实。

那么在沟通过程中，如何做到客观陈述事实，注意倾听事实呢？

一方面，夫妻之间的沟通一般偏向于个人情感和心理感受的表达，这也就是为什么旁人看来很简单的一个问题，到了夫妻那里怎么都解释不清楚，处理起来很困难，最后导致道理讲不清，观点道不明。这时，我们就需要在沟通过程中客观地陈述事实，尽量把对方带入事件中，一同探讨事实。站在一个客观、中立的角度上看待存在的矛盾和问题，这样摆事实、讲道理，渐渐地得到对方的接受和认可。这样处理问题和矛盾就会变得简单很多。

另一方面，在夫妻沟通过程中，既然有说的一方，那么也有听的一方。从某种程度上来说，"说"和"听"在沟通中所产生的作用一样重要。倾听是平复情绪的过程，也是思考问题的过程。

当你希望伴侣平复情绪，慢慢地详细解释发生的事情时，对方就会认为你正在给他一个宣泄情绪的空间。通常他就会认真思考，更加理性地表达自己的想法。当对方陈述自己的看法时，我们不要急于回答，而是先对他的伤心和愤怒表示肯定，等到对方平复之后，再说明自己的想法。

一对老夫妻，结婚多年，感情依旧很好，人们向他们询问夫妻的相处之道，他们只说了两个字："说"和"听"。原来丈夫喜欢她讲一些大道理、摆客观事实，而妻子则是更加喜欢聆听丈夫讲道理、摆事实。当然，尽管相处和谐，他们也有存在分歧、意见不统一的时候。不过他们总能够认识到客观事实，在沟通中找到共同的观点，从而达成共识。有一次，妻子一边看报纸一边说："现在的年轻人，再也没有我们那个年代的人体贴懂事了。"丈夫听到妻子这么一说，赶紧反驳："我可不同意你这么说。我经常出门坐车，都有年轻人给我让座。就连前天我买菜回来，邻居小孩还帮我拎东西呢。"妻子抬头看了丈夫一眼："是吗？可我怎么经常从报纸上看到关于年轻人的负面新闻。"丈夫见妻子有些狐疑："社会发展快，我们跟不上年轻人的潮流。他们虽然存在不足，那也是极个别现象。绝大多数年轻人还是很努力上进的。比如××，自立自强，不仅实现了自己的人生理想，也为社会创造了巨大的价值，再比如……"

夫妻双方一个懂得客观陈述事实，一个懂得客观倾听事实。对于每次沟通，妻子都会注意倾听，也总会在丈夫客观陈述事实的时候形成理性而独立的思考。

因此在日常的夫妻沟通中，我们既要在说的过程中懂得陈述客观事实，又要在倾听的过程中注意倾听事实。在沟通中在意对方的观点和想法，并且根据事实适当地调整自己的角度和立场，进行更加客观、理性地思考和交流，这种沟通才是有效的、愉悦的。

善于利用"暂停"调节气氛

约翰·戈特曼的研究证明，暂停或调整争论节奏有助于双方平静情绪，引导人们从另外的角度看问题。也就是说在沟通过程中，当一方感觉事态无法控制时，可以暂且停止彼此的讨论，待到双方不良情绪淡去时，再重拾话题。

很多夫妻在沟通的过程中容易因为意见不同而变得情绪化。此时，如果彼此在气头上仍然进行交流，就容易出现"话赶话"和"呛话"，越说越乱，越说越离谱，加剧事情的恶化。倘若利用"暂停"来中止彼此的谈话，调节现场的气氛，给彼此发泄情绪的空间和平复情绪的时间，让对方在平复情绪的过程中能够调整看法，从新的角度看待问题，就有利于进行下一步沟通和问题的妥善解决。

那么在沟通中，如何利用"暂停"来调节气氛呢？

1. 关注对方感受

在交流过程中，对方的感受以及状态很大程度上决定了沟通的氛围和结果。对方状态良好时，可以耐心同你进行沟通和交流；对方状态不佳时，则会对沟通内容不重视、不耐烦。在对方不重视、不耐烦的情绪到来时，我们需要暂停沟通，来调整交流气氛。倘若我们不关注对方的感受，一味地进行下去，也未必会达到想要的结果。而关注对方感受，暂且停止沟通的做法，不仅关注了对方的心理需求，也会给彼此交流留出更多的思考空间，从而有利于营造和谐的沟通气氛。

2. 自我调节

在夫妻沟通过程中，对自我情绪和心理进行适时调节很有必要。在有观点差异和意见分歧时，我们会产生情绪化和不满的心理，如果任由这一心理和情绪恶化，只会阻碍沟通，甚至是让沟通产生不良的后果。倘若我们能够暗示自己，进行自我心理调节，学会放下执念，通过暂停来打破僵局，营造气氛，对方看到你的态度转变后，相应的，也会进行自我调节，配合沟通的暂停，并且会更加认真思考和对待这次沟通。

3. 找准时机

在沟通的过程中，无论你想暂停还是继续，都需要根据情景来进行。也就是说你只有找准时机，适时而行，才能产生正向的作用与结果。如果对方正在沟通的劲头上，这时候你打断他，难免会遭到抗拒。如果彼此的沟通处于僵局之中或者是彼此的交流已经到了无法控制的程度，那么这个时候就不适合继续下去，而是应该暂停沟通，让彼此平静情绪，厘清思路。

一位女士向身边人透露自己和丈夫之间主要的问题就是沟通障碍。他们经常就一个问题争论好久，并且丈夫每次都会打断她正在陈述的某个观点，根本不在意她的表达。每次女士只要稍有不同意见，丈夫就会暂停沟通，最后用一句"我不和你们女人讲这些，根本讲不通"作为终结。有一次，他们就孩子的问题进行讨论。女士说："我觉得现在的教育有问题，给孩子造成的压力太大了。"丈夫立刻反驳："你一个女人家，知道什么？这是社会发展到一定阶段所带来的竞争现象。"女士说："你们文化人知道的多，我知道的少。可我看到咱们孩子压力大。"丈夫一脸嫌弃地说："跟你讲道理也讲不通，真是不可理喻。"说着转身走进了房间。女士回忆他和丈夫无数次的谈话都是在对方的突然中止和离开中结束的。这么多年来，丈夫从来没有与自己好好地进行沟通过，总会打断谈话，贬低自己的观点，令人很生气。

这位丈夫在与妻子的沟通过程中，不管需不需要暂停，总会根据自己的心情来随时切断、暂停沟通，很少在意妻子的感受。这种随意的暂停，不但不符合时机，不是根据沟通需要进行的，而且也会阻碍沟通的正常进行，无法营造和谐的沟通氛围。

在现实生活中，夫妻之间在交流的过程中也应该把握暂停的技巧，掌握一定的时机。当沟通正常的时候，我们尽量不去打断对方，耐心倾听对方的观点和意见；当出现大矛盾或者是无法调控的局面时，我们应该及时暂停来平静彼此的情绪，缓解沟通氛围。总之，应根据沟通的情景需要，根据对方的感受和事态的演变进程找准时机，适当暂停，保障沟通的顺利进行。

表情有时比语言更伤人

语言专家测定，在人们沟通过程中，对于可接受的信息，只有45%来自有声语言，而剩下55%则来自无声的态势语言。而在态势语言中，又有70%来自表情。可见，表情在沟通过程中起着重要作用，甚至是语言都不能替代的。也正是因为表情对沟通产生的影响较大，所以表情用得好，不仅可以给对方带来良好的感觉，让对方更容易接受，也可以推进沟通的顺利进行。反之，如果表情用得不好，非但不会推进沟通的有效进行，甚至会比语言更加伤人。尤其是在夫妻关系中，感情色彩较为浓厚，如果利用不好表情难免会阻碍交流，伤了和气。

通常情况下人的表情基本分为喜、怒、忧、思、悲、恐、惊七种。除了喜之外，剩下的表情都会或多或少传达出不好的信息。

那么在日常生活中如何更好地利用自己的表情呢？

1. 避免表情暴力

生活中人们常说肢体暴力、语言暴力，事实上还存在"表情暴力"这一说法。

在2006年发生过这样一件事情，某"社会学家"在网上公开抱怨南京公交车和写字楼电梯里的人"表情不好"，不是双眉紧锁，就是木讷茫然，并且呼吁南京市民注重表情，维护"博爱之都"的名声。当时，这条言论很快被定义为"虚伪"和"荒唐"，但是由此引发了人们关于"表情"的大量讨论。

表情在人们日常生活中随处可见，它是除语言之外另一种较为直接的沟通方式。表情的好坏往往决定着我们对他人的态度以及沟通的质量。专家认为，那些"拧巴"的表情对于家人及伙伴而言，可能正在构成一种"暴力侵犯"。很多情况下我们无意的表情流露都会对身边人产生负面影响，表情比语言传递的内容要丰富，其表达力更强大。尤其是一些消极表情，如愤怒、哀伤、不屑等，是极具杀伤力的。它会让对方不想同我们交流，不想同我们相处，甚至会导致对方远离、躲避。

2. 表情真诚自然

与那些消极的表情相比，友好善意的表情容易让人产生想要沟通的心理，并且对沟通起着一定的强化和推进作用。同样的，在夫妻相处中，友好善意的表情不仅可以传达出夫妻之间想要表达的东西，也可以提高彼此的沟通质量。

根据现代婚姻研究表明，从夫妻表情可以看出婚姻关系的好坏，表情在很大层面上决定了夫妻关系的好坏。这项研究不仅仅是通过眼睛观察，还采用了特制的精密仪器来测量面部表情，更重要的是帮助夫妻通过调控表情来改善婚姻。

所以说，婚姻沟通中表情的作用不容小觑，好的表情培养出的是感情，不好的表情伤到的则是和气。很多夫妻以为最亲密的人需要容纳对方的喜怒哀乐，不好的表情也要一一接受。事实上，即便是关系再好的夫妻，也不能整天用一副扭曲、消极的表情来面对对方，这样时间久了，谁都会厌倦。反过来看，如果你每天积极阳光地面对自己的伴侣，充满爱意的眼神，充满温暖的微笑，都会给对方带来惬意、舒适的感觉，这样对方也会更加珍惜、维护这份感情。

总而言之，表情表达的寓意丰富而强大，想要进行友好的互动与沟通，想要维持和谐的夫妻关系，必须在合理利用表情的同时，避免"表情暴力"带来的不良影响。

接受好的建议和正确的批评

古人云："君子之过也，如日月之食焉；过也，人皆见之；更也，人皆仰之。"这句话告诉我们，君子也会犯人们常见的错误，重要的是君子能够接受好的建议和批评并且改正错误，这是君子能受到尊敬的原因所在。同样的，夫妻之间，难免会产生各种矛盾。如果一方想要得到另一方的尊重和爱护，那么在沟通过程中就要学会接受对方好的建议和正确的批评。

然而在夫妻日常相处过程中，很多人都难以做到君子一般坦然，用博大的胸怀接纳对方的建议和批评。事实上，这也是人之常情，属于正常心理。心理学表明，每个人都渴望被认同、被赞扬，都不喜欢接受他人的批评与指责。对于他人的批评，我们潜意识里是排斥的、拒绝的。不过，懂得相处之道的人的智慧之处就在于可以通过自身反省与思考，理性地接受来自他人好的建议与正确的批评，从而适当调整和改进自身的行为。这不仅可以让人收获良好的人际关系、和谐的家庭氛围，也可以改正自身的缺点，获得更多的进步与提升。

那么，夫妻之间如何做到坦然接受好的建议和正确的批评呢？

1. 摆正心态，重视批评

前面我们提到，每个人都喜欢别人嘉奖自己，会习惯性地重视对方的赞美，往往会忽略别人提出的意见和建议。面对这种惯性心理，我们需要做的就是及时摆正心态，重视对方的批评，换一个角度来看待问题。将心比心，我们可能就会发现自身存在问题和错误。夫妻作为互相了解的两个人，肯定准确地知道对方的缺点和错误所在，但是我们自己可能意识不到。这时候面对对方的建议和批评，我们更应该敞开胸怀，重视对方的正确建议和批评，这样才有利于维持和谐的夫妻关系。

2. 正确认识对方的批评

面对对方的批评，我们经常会陷入一种误区——认为批评和建议是针对个人的。事实上，当别人直接批评你的时候，并不是批评你这个人本身，他可能只是批评你做的某一件事情；同样，当你批评别人的时候，你也可能只是在批评别人做过的某件事中存在的某些错误而已，而不是他本人。当我们在心底正确意识到这一点之后，对于对方的批评与建议就变得愿意接受和坦然面对了。

刘女士生活中做事情总是毛毛躁躁。一天下班后，她火急火燎地去接孩子放学，结果赶上下班高峰，车辆拥堵，急性子的刘女士显然等不了，她抄了近道。可是车子没开多远，就碰见了道路施工，结果又得返回原来的道路。这样来回折腾，反而耽误了接孩子的时间。晚上回到家里，丈夫开始批评刘女士："接个孩子还耍小聪明，这下适得其反了吧！我建议你下次就规规矩矩地按原路走比较靠谱。"面对丈夫的批评，刘女士立刻有些不舒服："说这说那，还不是因为你看不惯我，总觉得我做什么都是错的。"丈夫摇摇头："我指的是今天的事情，又不是针对你，再说了，如果今天没有发生这件事，我会来批评你吗？"听丈夫这么一说，刘女士觉得很有道理，开始接纳丈夫的批评并且进行了反思。

一开始面对丈夫的批评和建议，刘女士并没有搞清楚丈夫批评的对象。等到刘女士明白过来之后，就接纳了丈夫的建议，并且反思自己。这种做法正是有效沟通的开始。

3. 不要马上反驳

一般情况下，对于他人的建议和批评，我们不能在对方没有说完的情况下，急着去反驳、辩解，因为这是不尊重对方、无视对方好意的行为，在一定程度上也体现了我们心胸的狭隘。即便别人的批评太过苛刻，使你感到愤怒或者自尊心受到伤害，也最好不要做出强烈的反驳。而是应该先让自己冷静下来，然后做出得当的回应。夫妻之间更是如此，倘若对方批评和建议实有不当，我们也应该冷静对待，与对方心平气和地进行沟通。

4. 作出合理回应

当我们面对他人的批评和建议的时候，作出合理回应，是对说话者的尊重。首先不管我们接受与否，都应该在表情、行为或者是话语上有所回应。其中最先做出反应的就是我们的表情，我们的表情在一定程度上表现出我们心理的接受程度。而微笑则是所有表情中最富亲和力的，即便是一个小小的微笑都可以使得我们的沟通变得更轻松、更顺利，也会让事情朝着积极的方向发展。面对他人的建议和批评，有时候一个简单的微笑，一个轻微点头的动作，或者是一句回答，都可以表现出我们对批评的接受与回应，这不论对于自己还是对于说话者，都是有益的，都能使得彼此的沟通更加顺畅、和谐。

改正自己的小毛病，宽容对方的小毛病

林语堂说："婚姻是叫两个个性不同、性别不同、兴趣不同、本来过两种生活的人去共过一种生活。"在这种情况下，夫妻需要同吃、同住、同行、同玩，因此在长久相处的过程中难免会因为与对方的习惯和性格不同而引发一系列的矛盾和问题。

针对这些因为差异而产生的矛盾，夫妻双方需要在差异化的基础之上做出一定的调整、改变，同时也需要尝试着去接受、理解、包容对方？改正自己的小毛病与不足，宽容对方的小毛病与不足。有人说，那些白头偕老的人，一生基本上都要结三次婚：第一次，是和这个人结婚；第二次，是和对方的习惯结婚；第三次，是和对方的家庭结婚。婚姻和谐的夫妻会试着接纳和包容双方的差异，并且对自身不当之处做出改进，在一定程度上贴近对方的节奏和步调，从而长久幸福地生活在一起。反之，那些不和谐的夫妻，绝大多数是因为忍受不了对方的性格习惯、接纳不了对方的不足，从而产生更深的矛盾与不满。

事实上，婚姻是两个人的事情，夫妻之间出现矛盾也应该是两个人共同解决。解决夫妻问题时，我们既要着眼于自身，又要试着接纳对方。简单来说，夫妻相处之道就是在改正我们自身的小毛病的同时，试着宽容理解对方的小毛病。

那么，如何改正自己的小毛病，宽容对方的小毛病？

一方面，我们和对方相处的过程中难免会将自己的习惯和缺点暴露在对方面前。如果对方不适应或者不认同我们某个行为习惯，一定会有所反应。像表情上的暗示，如怀疑、惊讶、无奈、嫌弃等；或者是言语上的暗示；或者是直接表达，如我不喜欢你这样、我讨厌你这么做……这个时候我们就需要对自己的毛病做出相应的调整和改变，尽量避免与对方起冲突。

一位女士在谈及婚姻时这样说："我和丈夫是两个差异很大的人，无论是性格习惯、还是家庭教育背景，以及个人爱好等都各不相同。但是就是因为一腔热情我们走到一起了。等到对彼此新鲜感和热情散去，婚后生活难免会因为差异而产生矛盾。一开始面对矛盾我们不懂得去调解，只会一味地争吵。后来我想，争吵终究解决不了问题，于是开始反思自己是不是真的存在丈夫口中的不良习惯和缺点，渐渐地我开始意识到自己存在的问题，并且做出相应的改正。丈夫看到我这么做，不仅赞赏、鼓励我，也跟着我一起改进自己。我想我们家庭的幸福和谐就是在我们共同变好的决心下形成的。"

这位女士在家庭产生问题的时候意识到仅仅靠争吵并不能解决问题。想要解决因为双方差异带来的问题，无非就是一个改正，一个接受。既然丈夫指出了她的坏习惯和小错误，那么只有改正才能从根本上解决问题。也正是因为女士的改进，获得了丈夫的认可，并且与其一同改进，从而构建了和谐幸福的家庭。

另一方面，夫妻双方在相处的过程中，对方的缺点也将展现出来。如果我们一味地选择批评、指责对方，不仅得不到我们想要的效果，也会伤了夫妻之间的和谐。倘若我们转换角度，尝试着去接受、去理解、去包容对方的缺点，便不再感动厌烦，甚至有时候会觉得对方实在可爱。在我们选择接纳、理解对方的同时，相应的，对方也会做出同样的反应。那么夫妻之间的交流和相处也就变得越来越和谐、融洽。

总之，夫妻生活是长久之事，并非一朝一夕。在长期的相处过程中面对彼此生活习惯和性格方面的差异，我们能做出的只有改变自己、修正自己，同时我们也需要尝试着接纳、尊重和包容对方的小嗜好、习惯，谁让我们是相亲相爱的一家人呢？

已经完结的纠纷，就让它完结

夫妻是什么？相爱一辈子、争吵一辈子、忍耐一辈子，这就是夫妻。两个人在共同经营家庭的过程中有恩爱的一面，也会有争吵的一面。不管酸甜苦辣，每一种经历都是夫妻之间不断磨合、不断包容的结果。

然而在现实生活中，许多夫妻会经常因为一点小矛盾纠缠不休，把一些陈年旧账拿出来反复讨论，就这样陷入无休止的争吵之中。事实上，这种争吵的方式只不过是在重复的矛盾中激起对方的不满情绪而已，对于解决事情一点帮助也没有。真正解决矛盾的方法就是已经完结的纠纷，就让它完结，不要也不能反复纠缠不休。

面对夫妻之间的矛盾纠纷，道理大家都懂，只不过在实际行动的过程中难以落实到位，那么究竟如何让已经完结的纠纷过去呢？

1. 观点鲜明，事情简单化

很多夫妻之所以在解决矛盾的过程中纠缠不休，其最大的原因就是分不清楚立场、分不清事情的先后顺序。有时候，面对一件小事情，我们不需要大费周章地拿过去的事情，或者是其他原因来强调自己的观点，将问题复杂化，而是应该站在这件事情的角度上来进行客观的讨论，对于过去、现在、以后都需要划清界限。

一件事情越简单，越容易处理；立场越鲜明，越容易找到矛盾的根源所在。只有两个人站在鲜明的立场上，才能够清晰地捕捉到事情的本质，看到自身存在的缺点和不足。

此外，我们分清立场的目的实际上就是达成某种没有被满足的需求。也就是说，在争吵过程中，我们需要厘清彼此的需求。许多人吵了半天架，却根本弄不清楚对方要的是什么。千万不要觉得厘清这些问题很愚蠢，许多人都是因纠缠不清而辩论不休。

如果对方说："我希望你能有时间多陪我。"而你说："我也很愿意多陪陪你，但真的不可能每天都陪你。如果一个星期抽出两天时间陪你，你可以接受吗？"你看，这不就是真正开始在沟通了吗？当你这么说时，对方就能了解到自己的要求不合理，而会愿意接受一个较合理可行的要求。

这种协商的方式比争吵好多了吧？这种交流不会牵扯太多，能够快速地解决一件事情，而不会埋下一些矛盾和隐患。

2. 互不纠缠，明确解决态度

夫妻之间的争吵最忌讳的就是扯一些"陈芝麻烂谷子"，把原本简单的事情搅得混乱不堪，争吵的点和范围也就变大。夫妻双方都认为对方有错，都认为自己在理，最后就变成了有理说不清、说不通，事情根本解决不了。其实静下心来想想，能解决得了才是怪事呢！

所以，在我们面对一件小事情的时候，不要老提过去，也不要讲大道理。我们就针对当下这件事情来分析原因，越简单明了越好，如果是自身原因就勇于承认，并加以改正，如果是对方原因也应该予以谅解，而不是纠缠不休。无论生了多大的气，只要事情得以解决，就需适可而止，心中要把握好尺度，毕竟小吵怡情、大吵伤身，纠缠不休只会让问题更加严重。

3. 宽容纠纷，谅解错误

俗话说："夫妻之间何必把对错分得那么清，毕竟幸福比对错更重要。"意识到这一点，那么夫妻之间的小问题便不再是问题了。简单来说，夫妻之间相处需要宽容、忍耐和理解。家庭是讲感情的地方，不需要争谁对谁错，即便是赢了意义也不大。我们可以提出对方的缺点和不足，但是在提出的同时也应该理性对待，学会宽容、忍耐对方。尤其是对于一些不可能改变的事情。例如：嫌对方的身高不够高、身材不好或者赚的钱不够多等。勉强对方做一些不可能实现的改变，只不过是在增加彼此的矛盾而已。谈论这些对我们沟通和解决问题并不会有所帮助。反而会刺激到对方，伤及彼此的感情。

总之，面对婚姻中的小吵小闹，面对夫妻之间的不满和矛盾，我们可以提出要求，但不能纠缠，可以提出不满，但是不能反复强调。对于已经完结的事情就让它完结，对于能宽容和忍耐的地方就尝试着宽容和忍耐，毕竟婚姻是讲感情的，生活是朝前看的。

亲密关系不等于全部生活

　　婚姻是人生一个永恒的话题。有人形容婚姻是爱情的坟墓，也有人形容婚姻是爱情的天堂。无论是坟墓也好，天堂也罢，这种亲密的关系终究不等于生活的全部。如鲁迅在《伤逝》中所说："人必生活着，爱才有所附丽。"婚姻和爱情只是一种状态，并不是生活的全部，让婚姻和爱有所依附，必须有物质生活的存在。其实我们不仅需要物质生活，还需要拥有生活中除了婚姻之外的很多东西。比如，我们每个人都应该有自己独立的工作、个人的兴趣爱好、自己的朋友和生活的圈子等。它们也是我们人生必不可少的部分。

　　当然，在现实生活中，人们会习惯性地认为婚姻是将两个人变成了共同体。这种关系的转换会让他们觉得对方就是自己生活的全部内容，是另一个自己。于是他们把全部的精力和爱都投入对方的世界，却渐渐地忽略、迷失了自我的生活。

　　一种婚姻是幸福的，另一种婚姻是不幸福的。幸福的人认为婚姻是爱情的天堂，是幸福的港湾；不幸福的人认为婚姻是爱情的坟墓，是人生的枷锁。事实上，这两种婚姻类型中绝大多数人都看重了婚姻在人生中的位置与意义。

　　拿幸福的家庭来说吧。那些恩爱的人在原本相爱的基础之上，又多了一层亲密关系，当然生活起初甜如蜜就不在话下了。可是在甜蜜之余我们回想一下，是不是两个人经常一起出去游玩，却很少陪伴父母和朋友；是不是经常一起起居、玩乐，很少有时间顾及自己的业余爱好，培养自己的兴趣；再或者一些人是不是因为婚姻而放弃了自己的工作。其实，这些亲密关系的背后，牺牲掉了很多个人的生活，忽略了生活很多其他重要的存在，渐渐地，生活的天秤会变得倾斜。

　　张女士是一名职业女性，在生意场上可谓是叱咤风云。后来，她在工作中认识了现在的丈夫周先生，他们一见钟情。也许是因为年龄和条件各方面都已成熟，两个人很快就结婚了。结婚以后，张女士对于工作就没那么上心了，也不像从前那么拼命。原来丈夫一再劝阻她："女人何必这么辛苦工作呢？我来负责挣钱养家，你来负责貌美如花。"后来，张女士把工作辞掉了，在家当起了全职太太。起初，张女士还感到很放松、舒适，可是时间一长，她就觉得整个人都和外界脱节了。虽然每天丈夫回家后，两个人在一起都很开心，但是她内心不甘于过这种生活，每天只面对一个人，有一种束缚和压抑感。她都快忘记了那个拥有着独立人格、干练的自己；与同事朋友一起上下班、聚会的拥有喜悦感的自己。她对丈夫感慨道："婚姻并不是生活的全部，我要找回那个独立、自由的自己。我知道你是为我好，但是我就是想做我想做的事情，希望你能够理解我。"面对妻子的坦诚，丈夫也意识到自己约束了妻子的独立，支持张女士做回之前的自己。

张女士起初因为甜蜜的婚姻生活，放弃了自己的独立事业和生活，选择做一名家庭主妇。可是在当家庭主妇的过程中，她意识到了婚姻并不是生活的全部，不工作只会渐渐迷失了原来的自己，与外界脱离。于是她选择回归原来的生活，做回独立的自己。

现实生活中也不乏这样的例子，很多人会因为爱情的美满、婚姻的甜蜜，而放弃原有的工作、生活。把婚姻、把和爱人的亲密关系当作生活的全部，可实际上，在你把全部的时间和精力都投入婚姻生活中的时候，你会发现自己也会失去除婚姻之外很多重要的东西。

生活中也存在一些因为婚姻不美满而深陷其中、不可自拔的人。他们可能单纯地认为婚姻就是生活的全部，失去它，人生的意义何在？这种人把婚姻当作生命的全部，认为拥有它就拥有了幸福，或者认为婚姻的成败就是自己做人成功与否的标准，陷入婚姻的泥淖里不可自拔。这种想法是不理智的，毕竟婚姻只是我们生命中的一部分，并非是生活的全部。换一个角度来看，还有许多其他的生活在等待着自己，人生还有很多存在不可辜负，还有很多美好的存在，等着我们去发现、去享受。

人生就是赤裸裸地来到这世上，然后赤裸裸地离去，无论任何东西都改变不了我们成为独立的个体。婚姻也是如此，它只是我们人生的一个环节，无论亲密无间，还是不尽如人意；无论是美满幸福，还是不欢而散，都不能作为我们生命的全部内容更不能阻挡我们追逐自由的前行的脚步。

第五章

亲子沟通：和孩子保持同步

对于很多父母来说，亲子沟通是一个难题。其实只要你掌握了孩子的心理，与孩子保持同步，那么一切交流与沟通都不是问题。首先，我们应该了解孩子喜欢什么，知道孩子为什么在某些事情上有着极大的兴趣。其次，在了解孩子内心喜好的基础上寻找和孩子共同的话题，掌握和孩子相处该有的立场。既要给予孩子相对的尊重和平等，又要相对合理地控制和约束孩子。最后，给孩子确立一些相对合理的目标，并且懂得哪些话不能与孩子说，哪些行为不能有。走入孩子的内心世界，尊重孩子，理解孩子。

———————————————— ※ ※ ————————————————

你知道孩子喜欢什么吗

每个孩子都是一步一步认知世界的，他们在认知世界的过程中不断地发掘个人的天赋和喜好。然而很多父母在孩子很小的时候就给孩子报各种兴趣班：画画、朗诵、唱歌、跳舞、弹琴等。实际上他们也并不知道孩子喜欢什么，只是一味地给孩子报各种兴趣班。

十岁的果果从小学习主持、朗诵，经常在学校活动中发言，联欢会主持以及一些纪念活动的演讲几乎都被她承包了。邻居见果果多才多艺，也想给自己的孩子报个班。她找到果果的妈妈："你女儿在哪儿学的朗诵？我也想给我们家孩子报名，她胆子小，不爱说话，让她练练。"

实际上，邻居的孩子虽然不怎么爱说话，但是她更擅长画画。果果的妈妈对邻居说："你们家孩子喜欢朗诵吗？如果不喜欢的话，还是要遵从孩子内心的想法。"邻居听到这里沉默了，她发现自己一直以来在培养孩子方面都是盲目的，也从未问过孩子到底喜欢什么。

在现实生活中，其实有很多家长都像故事中的邻居一样，并不知道孩子究竟喜欢什么，到底擅长什么，只是一味地给孩子报补习班、兴趣班，盲目地培养孩子，完全忽视了孩子的自主权和选择权。更没有想过，教育孩子的前提是同孩子进行充分的沟通交流，在了解孩子兴趣的基础上去支持、辅助孩子成长。对孩子来说，他们年龄尚小，对世界的认知有限，不具备主导自己生活的能力。所以对于家长一些强制性的要求，只能听从。

叶叶八岁了，摄影作品多次获奖，而叶叶的摄影天赋能够得到充分发挥得益于其父母的教育。某次在公园里，叶叶的妈妈拿着手机与叶叶自拍，叶叶也伸手去按键，她发现自己被拍下来这件事太有趣了，就让妈妈把手机给她玩。她一开始是胡乱地按，拍下公园里的风景。照片出来之后，叶叶的爸爸妈妈觉得自己拍的照片还没有叶叶拍得好。

从那以后，叶叶的父母总是带叶叶去公园、游乐场、农场、乡村、山上等地方玩，并且在玩的过程中不断地引导叶叶拍照。在叶叶五岁的时候，她告诉父母："拍照真好玩，我喜欢拍照！"父母问："为什么呀？"叶叶回答："不管什么东西我都想拍下来。"六岁的时候，父母给叶叶买了一台相机，教会叶叶怎么使用后，叶叶时常带着她的相机，东拍拍西拍拍。虽然叶叶拍的大都是生活中的一些小细节，叶叶的父母还是把照片发表到网络上，竟然收获到大量关注和赞赏。当叶叶的父母把网友的赞赏分享给叶叶的时候，叶叶高兴极了，更坚定了要拍更多更好照片的决心。

叶叶的父母无意中发现了孩子在拍照方面的天赋，并给予孩子充分的支持和鼓励，树立了孩子的信心。事实上，每个孩子都是不同的，在平日的相处中，父母在培养孩子的过程中应该多与孩子交流，多让孩子接触外面的世界，从而去了解孩子到底喜欢什么，发现孩子的天赋。了解孩子的兴趣、爱好是保证亲子沟通和谐的基础。由于年龄、经历、姿态、位置不同，大人往往很难理解孩子的世界，而孩子更难理解大人的世界，这也是亲子沟通最大的障碍。但是，父母如果想让孩子了解大人的世界和想法，完全听从大人的"号令"显然是不现实的。唯有大人试着蹲下身子，看一看孩子眼中的世界，站在孩子的角度去寻找问题的答案，在充分了解孩子的基础上平等、平和地和孩子进行沟通交流，才能真正确保亲子沟通畅通无阻。

孩子为什么喜欢动画片和电子游戏

"低头族"的说法在很早之前就已经为大众所熟知。电子产品日新月异的发展令很多人沉浸其中，最终成为"低头族"。但是近年来，"低头族"越来越低龄化，很多孩子从小就成了"低头族"。虽然电子产品对眼睛不好是众所周知，而且长时间低头有损孩子的脊椎发育，但是面对很多孩子沉迷于动画片和电子游戏的现状，父母却不知所措、无计可施。实际上，只有当父母放低姿态，站在孩子的视角去了解孩子为什么喜欢动画片和电子游戏后，才能更好地引导孩子正确培养兴趣爱好。

《小王子》里有句话说，很多大人都忘了自己曾经也是个孩子。的确如此，我们也曾迷恋于《葫芦兄弟》《黑猫警长》《奥特曼》《天线宝宝》等动画片。可为什么当我们成为父母之后，就不能理解自己的孩子迷恋《喜羊羊和灰太狼》《熊出没》等动画片以及一些我们听都没听过、见都没见过的电子游戏了呢？事实上，喜欢动画片和电子游戏是孩子的天性。

1. 孩子的头脑和身心发育不完全

研究发现，婴儿的发育不完全，只能识别色彩单一、线条简单的画面。婴儿的视力不如成人，刚出生时看到的世界是一片模糊的。随着长大，他们的视野才越来越清晰，直到婴儿出生两个月后才可以分辨出静止状态的红绿色，到三个月后才逐渐分辨出蓝色。四五个月后，能分辨更多的颜色，能感知颜色的深浅变化了。到六个月左右，婴儿的视力才稍微接近成人。一岁左右的婴儿对色彩的感知力才与成人无异。孩子渐渐长大后，他们才能辨别出不同的颜色，不同的面孔，但是还是容易被动画片和电子游戏中色彩鲜艳的物体和画面吸引。

2. 动画片、电子游戏符合儿童的审美，让想象力得到释放

儿童动画片简单夸张、可爱有趣，充满天马行空的想象力，表达出爱与美，包括儿童化的配音、萌萌的音效、简单欢快的配乐。电子游戏的画面更加动态，富含互动性和娱乐性。在这里，儿童的想象力得到了尊重，满足了儿童的心理需求。

为了买游戏装备，十岁的小军因微信的零钱不够，竟然拿走家中千元现金去充值到网银账户上。小军的父亲看到小军的手机里有大额支出才知道家中千元现金不

翼而飞，进而发现小军沉迷某款游戏。银行出账明细显示，这些钱都被小军用来购买游戏点券了。于是，小军的父亲与小军交谈，小军说父母平时上班没有时间陪他，他每天放学回来就玩手机，在父母回家前才开始写作业。最近同学们都在玩这款游戏，他也越玩越沉迷其中。他说和同学一起玩游戏非常有归属感，也觉得非常有成就感，虽然成绩有所下滑，但是他在游戏里得到了认可。听完这些话，小军的父母陷入了沉思。

为什么孩子在游戏中才有归属感？父母确实应该反思。要想阻止孩子沉迷某项游戏，打骂、指责并非是最有效的方法。只有当我们换位思考，做到设身处地的理解孩子，才会找到更加合理的方法来引导、纠正孩子。毕竟孩子心智发育尚未成熟，在游戏里获得归属感和成就感容易让孩子对游戏形成心理依赖。此外，孩子之所以依赖于游戏，还有一方面原因在于有些父母总说没有时间陪伴孩子。当孩子缺少家长的引导和陪伴时，自然容易在虚拟世界中寻找乐趣和依赖。

网上有人说，估计再过几年就不会出现父母担心孩子沉迷网游而不知道怎么教育的问题了，因为第一批玩网游长大的孩子已经为人父母了。这种说法也不无道理。当这些沉迷于动画片和电子游戏的孩子长大成人，他们的童年经历会让他们更懂自己的孩子看动画片、玩电子游戏的心理状态，进而知道如何沟通教育才是最好的。

了解、理解是亲子和谐沟通的第一步。当我们假想自己回到那个年纪，想到自己曾经用青春去追逐的爱好，就会懂得孩子对新事物的热忱以及迷恋。毕竟所有的父母也是从少年时代走过来的，对于孩子的一些爱好，我们应该学会与孩子保持同步，试着理解和尊重孩子，同时进行更加正确的引导和教育，与孩子共同进步，共同成长。

与孩子交流时应该有的姿态

很多人一开始做父母时，还不习惯这个身份，他们也许深知与家人的相处之道，与朋友、同事的相处之道，与陌生人的相处之道，却唯独不知与孩子相处该有的姿态，不懂得如何恰如其分地给予孩子爱与关怀。虽然人类爱护子女是天性，但是爱多了或者爱少了都不利于孩子的成长。所谓中庸之道，同样也适用于父母与孩子之间的相处。

有一本书叫《蹲下来和孩子一起看世界》，其吸收了近几年教育实践中的经典案例以及中外教育的各种优势，对"蹲下来"的教育方式进行了精辟的阐释。其中有一个案例让笔者印象深刻：

教育大师卡尔·威特是怎么和孩子交流的呢？有一天，他的孩子卡尔想吃一块点心，他拒绝了卡尔的请求。因为他们刚刚吃过晚饭，吃零食会影响孩子的健康。这时卡尔才不过两岁，要不到东西只会大哭大闹。卡尔的母亲心疼极了，看不下去了，赶紧拿着那块点心哄着卡尔："给你，不哭了，不哭了。"妈妈在孩子的哭闹中败下阵来，小卡尔用哭闹赢得了点心。

当时，卡尔·威特并没有指责什么，但是他意识到，孩子的哭闹是对父母权利的挑战，并取得了胜利。后来教育大师与他的妻子交谈，他说，面对儿子这种哭闹不应该迁就。现在儿子还小，这种迁就溺爱的恶果还不易看出来，但已经种下了恶果。如果他长大了，十几岁了，仍然以这样的方式对待他的话，他将会变成一个蛮横无理的人。在他知道哭闹能得到他想要的东西以后，他学会了哭闹。再长大些，他满足欲望的方式就不仅仅是哭闹了，也不只是针对他的母亲，还会针对其他的人，他会以无礼的方式要求其他的人也来满足他的要求。

在以后的日子里，在教育大师卡尔·威特的家庭里，再也没有发生这样的事。即便卡尔再怎样哭闹，他也不会得到他不应该得到的东西，不管是食物还是玩具。因为他的父母决定，一开始就要让他知道，哭闹是没有用的。

父母与孩子早期的关系会影响孩子将来与他人、社会之间的关系。蹲下来和孩子交流，是对孩子的一种尊重，但尊重不是纵容，也不是过分宠爱。父母应该放平姿态去和孩子平等交流，但是不要让孩子觉得平等是可以谈条件的筹码。

蹲下来，和孩子面对面交流，告诉他哭闹没有用，告诉他什么是对、什么是错，告诉他有些事情可以商量、有些事情坚决不允许。以平等的姿态与孩子交流，孩子才会更容易敞开心扉。作为父母既不能低到尘埃，也不能居高临下，总让孩子抬头仰望你。

乐乐记忆中的父亲总是高高在上，说话总像是下命令。有一次，乐乐吃饭时打碎了一个碗，被父亲严厉地呵斥了。但乐乐是不小心的，她觉得特别委屈，却不敢辩解，否则就要被说是狡辩了。还有一次，乐乐的父亲在书房看书，很长时间都没有动静。乐乐无事可做，她发现把书堆得高高的，再推倒特别有趣，于是她不停地重复着。乐乐的举动严重影响到父亲看书，但他并没有直接告诉乐乐，而是把乐乐拎起来，让她去别的地方玩。他们又错过了与彼此交流的机会，父亲不能理解一个孩子需要什么，就像乐乐不能理解父亲为什么能看那么长时间的书一样。

如果在乐乐摔碎了碗时，父亲能告诉她："碗也是会疼的，跟碗说声再见。"或许乐乐以后对任何物品都有爱惜之心，在生活中、学习中、工作中成为一个细心认真的人。如果在乐乐推倒书堆时，父亲放下书本，蹲下来问："乐乐，在玩什么呢？"或许他们能进行一次愉快的谈话，他可以用通俗易懂的语言给乐乐讲他看的书。乐乐会觉得自己终于长大了，终于可以和父亲面对面平等地交流了。那么，乐乐和父亲之间亲子沟通必然会由此进入和谐频道。

很多时候，父母对孩子的认识不能只停留在孩子天真无邪、不谙世事的阶段。随着孩子渐渐长大，他们在探索世界的过程中充满了好奇，他们的认知能力在不断提高，作为父母应该适时地转变和切换交流方式，把孩子当作朋友来平等交流。

总之，父母与孩子交流最好的方式就是"蹲下来"，和孩子保持同样的高度，以平等的姿态和孩子说话。当我们站在孩子的高度和角度，会看到一个和成人世界完全不一样的世界，只有这样才能更好地了解孩子、陪伴孩子。

寻找和孩子的共同话题

很多人在与孩子交谈时，经常找不到话题，无话可说。孩子也很少主动地与家长互动交流。长此以往，父母与孩子之间的距离越来越远。

重庆某学校曾经做过这样一个活动：孩子与父母交换信件。

"每次我想更懂你，我们却更有距离，是不是，都用错言语"，14岁的小艺在给妈妈的信中写下这样的歌词。上初中的小艺平日住校，一个星期才能回家一次。住校后感觉与父母的距离远了。虽然她每次回家都找妈妈聊天，但是妈妈工作繁忙，还要照顾妹妹，所以经常无法心平气和地和小艺交谈，有时候聊着聊着，产生了分歧，然后不欢而散。妈妈收到小艺的信件后，才发现自己疏忽了对小艺的照顾。

小飞家在外地，一个月才回一趟家，与父母面对面的交流机会更是少之又少。他在信中说："有时候，一件事情要解释很久，后来就不怎么爱和他们聊天了。"他说，由于距离远，父母对自己的生活状况了解比较少，彼此交流的只有学习方面。

初二3班班主任张老师解释："初二对于孩子的成长来说，是一个转折期，很多家长认为的成长期问题，其实是沟通问题。孩子开始成长为独立个体，父母应该转变方式，寻找和孩子的共同话题。这就需要家长关心了解孩子的喜好，以及他们交往的朋友。"

经历了这次活动，不少父母和孩子都开始主动进行互动和交流，他们因此更加了解彼此，心与心也贴得更近了。回归到日常生活中，当孩子还小的时候，父母照顾着他们的衣食起居，孩子与父母是亲密的。当孩子长大了，开始有自己的思想了，这时候父母很难融入他们的世界，于是孩子与父母的共同话题就少了。很多父母在孩子青春叛逆期的时候，因无法与孩子好好沟通而伤透了脑筋。事实上，如果我们跟上孩子的步伐，不断寻找与孩子的共同话题，仍旧可以与孩子相处得很好。那么，如何寻找共同话题呢？

1. 心灵上：一起读书、写信

很多家长之所以不懂孩子，是因为他们不懂孩子的内心世界。当家长能够了解和感受到孩子的内心想法时，就很容易在一些事情上产生共鸣，建立情感。当孩子认为家长和他的内心想法一致时，也会更加愿意倾听或者是主动和家长交流一些互相感兴趣的话题。

家长可以适当地改变自己的沟通方式，和孩子进行心灵上的互动，去探索孩子的内心世界。比如，经常陪伴孩子一起读书，共同分享书中的人物、对话、场景，一同用心思考。再比如，心里有些话、有些爱不好意思说出口时，父母可以悄悄写成书信，叠放在孩子书中的某一页。当孩子读到书信，领悟到那字里行间的爱，其内心一定会感到既欣喜，又温暖，并且也会更加理解和珍惜父母的爱。

2. 培养和孩子的共同爱好

有句话说，生活不只油盐酱醋，还有琴棋书画。父母照顾好孩子的衣食起居就够了吗？显然不够。孩子的内心世界是丰富多彩的，父母应该了解孩子的兴趣爱好，了解孩子爱看的书籍、动画片、电视节目，你可以不喜欢，但你不能阻止孩子喜欢。多与孩子培养共同爱好，比如一起看综艺节目、一起吐槽。

同样的，作为家长自然也会有很多的爱好和兴趣，孩子在一定程度上会因为遗传和我们有着相同的爱好。我们在保持自身爱好的同时，也需要通过日常生活中的细心观察来寻找孩子的兴趣爱好。当我们发现孩子拥有某项兴趣爱好时，不要随意加以制止或者是给予否定，而要区分孩子的兴趣爱好。对积极健康的，家长要支持、鼓励；否则家长要引导孩子修正。

俗话说："活到老，学到老。"和孩子培养共同兴趣的同时，作为父母也需要不断地学习和训练，这样才能跟上孩子的脚步，才能在一定程度上给予孩子充分的指导。总而言之，想要和孩子建立共同话题，了解孩子，就需要成为孩子的榜样，需要不断地学习知识，补充能量，不断地陪伴孩子进步。这样才能一起交流互动，才能更好地引导孩子。

尊重与平等，接纳其合理要求

每个孩子都是独立的、有思想的个体。他们在成长的过程中也极度渴望得到尊重，得到理解，尤其是来自父母的平等对待和尊重。

然而很多家长在培养孩子的过程中总是习惯性地根据家长眼中的是非判断来要求孩子，在一定程度上忽视了孩子的内心世界。并且对于孩子提出的一些意见也很少采纳，同样的，孩子发现家长不尊重不理解他们，也会在心底对我们产生抱怨，最后家长也很难得到来自孩子们的尊重和理解。

事实上，作为家长，我们既是孩子生活上的陪伴者，又是他们的人生导师。我们的做法会对孩子今后的人生发展起着深远的影响。我们应该尊重孩子的发展需求，充分重视孩子的内心世界，尊重他们的个体差异，还给他们话语权，给他们营造出相对尊重和平等的氛围。

1.尊重孩子，适当接纳

有时候，我们站在成人的视角很难理解孩子。当然，孩子站在自己的角度也很难理解大人，所以在很多事情上，不可能都按照大人的想法来。

鹏鹏画了一个绿色的太阳。妈妈看见了说："太阳怎么会是绿色的呢？这样画不对，快改过来！"鹏鹏觉得很委屈，因为妈妈都没有问他为什么把太阳画成绿色，只是一味地批评他画得不对。事实上，鹏鹏之所以把太阳画成绿色，是因为他想借助这幅图画来呼吁大家树立绿色环保、节能减排、保护地球的意识。

教育家卡卢夫德斯基说："幼儿是我们这个星球上最勤奋的脑力劳动者，每个幼儿天生就是一个无与伦比的创造性的实验室，他们具有不受任何限制的想象力，具有无穷的不可遏制的发展趋势。"鹏鹏画绿色太阳的背后有自己独特的视角和想法，通过孩子特别的观察和想象后，太阳也可以是绿色、黄色、白色、紫色抑或别的颜色。然而妈妈一句"这样画不对"不但否定了孩子的创造，也没有尊重孩子内心的想法。

生活中类似的场景还有很多。某些家长发现孩子某方面和他们的期望不同时，往往会以大人的标准否定或者批评孩子。却很少去问孩子这么做的原因是什么，很少去关注孩子内心的想法，在一定程度上扼杀了孩子的主动创造能力，忽视了孩子自身发展的需要。实际上，当我们发现孩子敢于突破、敢于创造的时候，不能一味地按照是非对错来要求孩子，而是应多关注孩子内心的想法，尊重理解孩子，适当地给孩子鼓励和支持。

2. 平等对待，理解差异

尊重孩子的个体差异。孩子虽然年龄尚小但是也有其独立的人格和思想，也需要我们平等对待，理解差异。《幼儿园教育指导纲要》中明确要求："尊重幼儿个体差异，因人施教，努力使每个幼儿都能获得满足和成功。"陶行知先生也曾说："你的教鞭下有瓦特，你的冷眼中有牛顿，你的讥笑中有爱迪生，你别忙着把他们赶跑，你可不要等到坐火轮、点电灯、学微积分，才认识他们是你当年的小学生。"

孩子眼中的世界和我们成人眼中的世界大不相同。他们的兴趣爱好、行为习惯、气质个性等方面都与我们有着很大差异。好孩子的标准未必就是乖巧听话、循规蹈矩。反而那些创造性较强的孩子往往具有顽皮、淘气的特点。

总之，每个孩子都拥有独立的思想和个性，他们对世界有着独特的自我想象力和创造力。我们作为家长在陪伴孩子成长的过程中需要给予其尊重和平等，理解孩子内心的世界，接纳孩子的合理要求，接受孩子独立的个性。及时发现、尽早发掘孩子所特有的优势，促进孩子的发展。

相对合理的控制，给予独立的空间

毕加索说过，每个孩子都是天生的艺术家。当孩子不愿走在整齐的队伍里，非要在队伍外面乱跑时，他只是在寻求另一条到达目的地的路，或是队伍外面的世界更能赋予他更多的感官。每个独特张扬、不走寻常路的孩子其实都有自己的想法和方向。他们看似稚嫩、迷茫，可内心深处都渴望拥有独立的人格和富有活力的灵魂。

然而在现实生活中，很多家长总是一味地约束和控制孩子，很少给孩子充足的空间去任其自由发展。在培养孩子的过程中，给孩子报各种补习班，占用了孩子的自由时间；控制孩子生活中的言行举止，不准这样，不准那样，给孩子设定各种条条框框，在一定程度上约束了孩子的自由发展，破坏了孩子的生长节奏，也给孩子心理上造成了压力。

事实上，孩子不希望父母严格控制、左右自己的生活，即便他们对世界充满未知，也希望自己去探索，希望能够拥有独立的自我空间。

十岁的冬冬报了一次夏令营，他很兴奋很期待，终于可以和小伙伴玩三天三夜，没有父母的唠叨，没有父母的管教了。冬冬自己收拾换洗的衣服、洗漱用具，放在一个书包里。在出发前，妈妈突然又拿出了一个大书包，里面有小被子、衣服、纸巾、蚊虫药、水杯等不是必备的东西。冬冬皱着眉说："妈，不用带这么多东西，夏令营都有的。""有，你也要带上，万一没有呢？妈妈不在你身边，你到时候什么东西都找不到。"然后又告诉冬冬，什么物品放在什么位置。冬冬不耐烦地答应着："好了好了，我知道了。"

在夏令营里，小伙伴们一起聊天、玩耍，很开心，这时冬冬的电话手表响了，是妈妈。"冬冬啊，早饭吃什么了，好吃吗？吃午饭了吗？上午玩了什么了？……"妈妈一口气问了一大堆的问题，冬冬都不知道先回答哪个。"妈，我们在玩呢，没事我先挂了，回家再说。"旁边的小伙伴还在等着冬冬做游戏呢，冬冬赶忙挂了电话。

三天里，妈妈的电话一直不停，冬冬都没办法好好与小伙伴玩了。回到家里，冬冬生气地告诉妈妈："妈，你能不能别这么管着我？我已经长大了。"

妈妈伤心极了，同时纳闷，孩子为什么不听话了？

妈妈给予冬冬的管教太多，并没有合理的控制，不给孩子一点自由，孩子长大后就会开始反抗。这时候妈妈才明白自己对孩子的教育出现了问题。实际上，从一开始父母就应该明白，每个孩子都是独立的个体，而不是父母的私人财产，不是父母的附属物，更不是父母的宠物。父母与孩子之间是相对平等的关系。父母给予孩子的最好的教育就是引导，当孩子有了独立思想时，不能扼杀，不能逼迫，不能管太多，否则只会适得其反。我们应该站在平等位置上与孩子平等交流，把他当作一个大人。毕竟孩子总会长大的，在孩子想要独立时，给予鼓励与支持，同时给孩子一些建议和意见，而不是事事亲力亲为，把孩子还看成一个什么都不会的婴儿。

那些以爱的名义过度管控实际上是在圈养孩子，让孩子丧失了自主的能力。只有适当地放养孩子才会让孩子更加独立、更加立体。当然，放养并不是说就没有边界，而是需要根据孩子的发展状况来灵活地调整和坚持边界的范围，注意有技巧的控制，做到既限制又保护。放养不代表家长就不用培养，仍然需要在早期主动约束并提供"营养"，等孩子有一定能力表达和实现自己的意愿时，再给孩子提供充分的活动空间。总之，合理地控制自己，理智地教育孩子，理智地爱孩子，培养孩子独立思考的能力，独立做事的勇气。总有一天，他们要独自飞翔。

确立合理的期望

"我，坐在斜阳浅照的石阶上，望着这个眼睛清亮的小孩专心地做一件事；是的，我愿意等上一辈子的时间，让他从从容容地把这个蝴蝶结扎好，用他五岁的手指。"

"孩子你慢慢来，慢慢来。"

这是作家龙应台对孩子的期望。

"从无条件的爱出发，尊重孩子的个性和天性，细心观察，用心想办法，慢慢地，我们总会找到适合他生长的水土，发现他这个小种子的秘密。"

这是儿童教育专家罗玲对孩子的期望。

孩子是上帝送给我们独一无二的礼物，他是我们血脉的传承、生命的延续。父母对于这个珍贵礼物都会寄予厚望，但是众多期望的背后有时候是急于求成的，还有时候是不切实际的。

期望的误区之一：把自己的梦想强加在孩子身上。

日本著名作家池田大作曾说："父母可以有自己的理想，但干涉孩子各自的理想，就等于不承认孩子的人格。"

李雪是一名小学生，可是每天却承受着初中学业的压力。在爸爸的严格要求下，李雪每天放学后还要去上数学辅导班。李雪爸爸觉得数学不仅是一门高深的学问，也是高智商的象征。做一名数学家是爸爸从小的梦想，只是迫于年龄和现实压力，爸爸没有实现自己的梦想。因此，自从女儿上学后，爸爸就把全部的希望寄托在女儿身上。当他发现女儿数学不好时，甚至花昂贵的课时费，请专业的数学导师上门授课。他为了把女儿培养成数学家，自己愿意付出所有。后来李雪吐露了心声：她对数学并不感兴趣，之所以一直学习，是因为不想辜负爸爸的良苦用心。

爸爸的梦想是成为数学家，因为考虑到现实问题，只有把梦想寄托到孩子身上，让孩子代替自己去实现未曾实现的梦想。倘若孩子能如父母所愿，自然皆大欢喜。如果孩子不想成为父母所期望的那个样子，孩子将会承受沉重的心理负担，以及不必要的愧疚感，而父母也将体会到无尽的失落感，这样做于孩子，于父母都不会快乐。

期望的误区之二：孩子是一种投资。

所谓养儿防老，从传统意义上来说，孩子是父母未来的保障。很多家长把晚年生活过早地依附于孩子身上。他们认为抚养孩子是对将来的一种投资，把孩子看作是能给家庭带来收益的劳动力来源，无形中给了孩子来自生活方面的压力，从而影响了亲子关系的和谐。

期望的误区之三：成绩优异才是有出息。

没有哪一位父母不希望自己的孩子将来有出息。但究竟什么是有出息呢？人们的理解各不相同。有人认为，工作业绩是衡量一切的标准，学习成绩是衡量一切的标准；有人认为，有优秀的学历和体面的工作就是有出息；还有人认为，谋取一官半职就是有出息。这些多半是指孩子未来学业发展方向和事业走向，却淡化了对孩子健康、品德、能力等其他方面的期望，未能在孩子德智体全面发展的基础上进行合理性的期望。

期望的误区之四：孩子是炫耀的作品。

据调查显示，绝大部分家庭都存在这样一种现象：孩子在成长的过程中会逐步沦为家长茶余饭后炫耀的作品。这种炫耀的背后实则承载着家长更多的期望和要求。

很多父母将孩子视为自己创作的作品。孩子的相貌、学习、能力以及获得的任何奖项，都会成为家长与亲朋好友、邻居同事间的炫耀资本。为了从别人的恭维声中获得满足感、骄傲感，家长甚至夸大孩子实际能力与水平。一旦发现孩子和自己夸下的海口相违背，便责备孩子。此外，还有一些家长总喜欢拿自己的孩子与别人家的孩子相比较。一边否定孩子，一边又催促其快速成长。这种不合理的期望实际上是家长忽视了孩子独立的人格的表现，不利于孩子自信和自尊方面的培养。

那么，家长朋友们如何确立合理的期望呢？

首先，期望应与孩子能力水平和爱好相符合。

父母在对孩子有所期望之时，不妨先评估一下孩子的性格特点、兴趣爱好、实践能力等方面。父母可以与孩子们进行有效沟通，分析一下孩子的优势在哪里，劣势有哪些；在培养孩子的过程当中，针对孩子具体的能力、爱好，进行具体分析，从而做出合理的期望。期望既可以是阶段性的小目标、小计划，也可以是切合实际的长远目标。总之，父母应该根据孩子自身作为参照，以他的能力水平与爱好为出发点，而不要以周围其他人作为期望的参照物与出发点。

其次，期望不可以"以偏概全"。

现代家长对于孩子的期望，还是以学习成绩和智力水平来衡量的，关注于孩子是否能够有所成就、有所发展。所以，家长依然严格要求孩子按照他们的期望去追求满分、追逐第一名。但实际上，很多事例表明，衡量一个人的成功标准并不完全取决于其傲人的天资以及优异的学习成绩。我们可以看到那些成功人士并非都是成绩优异、天资聪颖的孩子。每个孩子都有属于自己的一片天空，我们做家长的不应该强制他飞往哪个方向，而是要培养他飞翔的能力、独立的人格，让孩子顺其自然地沿着他自己的轨道运行，在他最擅长的领域施展，发挥他自己的才能及个性，这样才能保证孩子"越飞越远"。

最后，将期望转化成孩子的欲望。

有人说，一个老师最大的成功之处就在于可以让孩子把"要我学"转变成"我要学"。实际上，这句话不仅仅表达一个被动与主动的转换关系，也强调了外部力量往往通过内部因素产生。同样，期望就是一个被动性的产物。一般而言，被动性的力量往往弱于主动性。就亲子间的交流来说，如今绝大多数孩子都处于被动的环境中，做起事来，也习惯于等待信息与指令。如此一来，孩子那种内心的需求与动机也就显得比较缺乏，导致主动性与创造性水平较低。

因此，家长朋友们应该适当地引导孩子成为生活的主动参与者。给孩子营造出较民主的家庭环境，为其心理发展和树立健全人格提供广阔的空间。培养孩子自己选择、判断的能力，从而培养孩子的主动性。

教育孩子时最不该有的十种行为

父母总喜欢把大部分的情感和精力放到孩子身上，孩子成为家长关心的"重心"和"焦点"。"孩子去哪了？""作业写完了吗？""今天想吃什么？""为什么不听话？"每天对孩子进行各种提问，虽然手里在忙别的事情，但是心理仍然在挂念孩子在干什么。

生活中，孩子遇到事情，家长也会不自觉地挡在孩子前面；孩子的日常饮食出行，家长也总会时刻叮咛，唠叨个不停。实际上，很多时候父母的管教太多不仅不会起到帮助孩子的作用，反而会带来不利后果。

那么父母管孩子时最不该有的十种行为是什么呢？

1. 向孩子发泄情绪

人生不如意十有八九，孩子不是来给你添麻烦的，孩子应该是锦上添花的。每个家庭迎接小生命的诞生时，都应该是欢迎期待的。每个孩子都会哭会闹会撒泼，做父母的首先要有耐心，不能因为工作不顺利或者有一些烦恼就回家抱怨，甚至抱怨孩子，给孩子造成不良影响。爱眼前的生活，对孩子的到来心怀感恩，你会发现生活没有那么糟糕。只有认真生活，才不辜负天使的降临。

2. 做负面的榜样

模仿是动物的天性，也是人类的天性，孩子从一周岁开始就会下意识模仿大人的行为。

小凯从小懂礼貌、有教养，但是有一天却突然不理他的二叔了。父母与二叔都很奇怪，平时这孩子跟二叔很亲啊。经过细问得知，某次小凯的父母在他面前愤愤地说了二叔借钱不还，以后少来往的话。小凯听到后认为二叔是坏人，就不再理二叔了。其实二叔前一段时间生活拮据，借了点儿钱，近日已在尽快还款。父母随口一说被孩子记在了心里，弄得大家万分尴尬。

孩子在模仿中学习，在模仿中成长，父母应该以身作则，不妄自评论他人，为孩子树立正确的榜样。

3. 替孩子做得太多

父母爱孩子是天性，但不能替孩子做得太多。

一个 2 岁的孩子和妈妈一起出去玩。回来的时候，他妈妈帮他脱鞋子。孩子想起来平时脱掉的鞋子都要放到鞋柜里，正当孩子要把鞋子拿起来放进鞋柜的时候，妈妈却直接替他拿过鞋子放到鞋柜里。

这个行为在很多家长眼里是一件很小的事，但是家长却没有发现，孩子自我独立的需求没有被满足。久而久之，孩子就会习惯这种模式，认为"这些事情我不需要自己去独立完成，因为有人会替我做"。尽可能让孩子早点学会独立，他才会成长得更茁壮。

4. 反复叫孩子去做某件事

有时候，家长反复叫孩子去做某件事情不仅体现出家长的唠叨，也等于在向孩子传递一个信息："你的第一次吩咐无关紧要。"所以，在下一次要求孩子做事情的时候，孩子会拖拉，会等待着你去提醒或督促。

5. 在孩子面前表现出内疚

很多家长在犯错或者是误会孩子的时候，通常会对孩子说："爸爸（妈妈）对不起你，都怪爸爸（妈妈）不好，下次一定……"很明显地表现出对孩子的亏欠和内疚。这时候就容易激发孩子渴望补偿的心理，孩子很有可能会以此来要挟父母满足他们内心的欲望。

6. 当孩子行为不当时，表现出愤怒

家庭教育中有一句话叫："孩子最不可爱的时候，其实是最需要爱的时候。"孩子犯错的时候，需要的是心理上的安慰，而不是心理上的打压。成年人不是十全十美的，也会不可避免地犯错，更何况是孩子。所以当孩子犯错时，我们需要的是尽可能地包容理解，耐心教导，而不是表现出愤怒和严苛，使孩子畏惧犯错、害怕做事情。

7. 与孩子争吵

父母与孩子争吵不仅有失风度，也让孩子失去了决定权。实际上，只有建立在平和的语气和平静的心态上的交谈才是孩子最愿意接受的。那样才能体现出家长的尊重与理解，而父母一味地呵斥，容易让孩子感受到不平等，他们会觉得害怕、委屈。长此以往，他们会对此产生不满，并且有可能出现一定的反抗意识。

8. 缺乏零花钱管理制度

孩子在小时候对于金钱的概念较为模糊。随着物质水平的提高，他们对于金钱

的掌控机会也越来越多。对于孩子金钱方面的管理，稍有不慎就会出现问题。所以说，父母从小就要培养孩子正确的金钱观，合理、按时给孩子零花钱，教育孩子节约使用、合理分配。

9. 自己撇下孩子不管，叫配偶来解决

很多家庭，父母中的一方可能忙于工作，或者是其中一方比较严厉，在管教孩子的过程中经常会说："我管不了你了，等你爸（妈）回来收拾你！""孩子他妈（爸），你来管管吧，这孩子不揍不行！"事实上，这等于告诉孩子："我不管你了。"这样不利于孩子以后的成长。

10. 在孩子之间争吵时，扮演法官的角色，却袒护其中一方

在子女相对较多的家庭中，孩子间难免会产生矛盾和争吵。有时候孩子之间解决不了就会找家长来评理。这时候孩子把评判是非对错的权利交到父母的手中，是因为相信父母，并且认为父母是权威、公道的。这个时候，家长如果偏袒其中一方，不能在公平公正的基础上进行评判，就会在一定程度上失去孩子的信赖，使得孩子难以信服。

不管你有没有在管教孩子的过程中出现过以上十种行为，不管你在使用这种方法时的效果如何，笔者都希望父母们能在以后的教育中尽量避免，尽量给孩子提供正确的引导，树立良好的榜样。总之，经营家庭、管理孩子都有一定的行为标准和教育规范。我们作为家长需要利用良好的规范和标准来培养孩子，引导孩子。

最不该对孩子说的十句话

1. 你看人家某某

很多人从小就听过这样的话：你看看人家某某回家就写作业！你看人家某某这次考了 90 分，你怎么考这么差？最优秀的都是别人家的孩子。甚至有首歌就叫《别人家的孩子》："有人跟我说你为人低调还没脾气，长得帅气待人真诚学习超有效率，原来人们口中说的别人家的孩子就是你……"

这首歌表达了大部分孩子的心声：父母说起别人家的孩子是多么多么聪明，怎么怎么懂事，我们倍感压力。如果孩子能够在压力下进步，把压力变成动力，再好不过了。但是如果孩子不能承受这样的压力，陷入自卑、怀疑自我的情绪中怎么办呢？所以，父母不要把自己的孩子与别人家的孩子比较，这样容易让孩子有压力，以为父母不喜欢自己，从而产生自卑心理，加重心理负担，不利于孩子的健康成长。

2. 考了前三名，爸爸给你买

孩子确实需要奖励，但是这种物质奖励会让孩子产生一种学习是为了家长的错觉，不利孩子正确看待学习考试。考好了就奖励，考差了就惩罚，孩子学习不仅仅是为了考试，而是要成为一个健全的社会人。

3. 你怎么这么笨，这么不听话

这种否定语气对孩子自信心的打击是最大的。"好孩子是夸出来的。"这句话是有一定道理的。在赞美中成长的孩子内心会充满感恩和对生活的热爱。在孩子做错事的时候，家长不要急着责骂，不要刺伤孩子的自尊心，但又要为他们指明方向。请准确地赞美孩子，谨慎地否定孩子。

4. 你爱怎样就怎样吧，我不管你了

孩子本来就有叛逆心理，如果家长总是说这种话，会让孩子更加自暴自弃，将错就错。并非是孩子不服管，是家长管教的方式不对，耐心的教导是最有效的方式。

5. 我说不行就不行

当孩子提不合理的要求时，如果家长强硬拒绝，会在孩子心里产生一种"你

是暴君"的形象。家长应该蹲下来温柔地告诉孩子不能这样做的原因，培养他的独立思考意识。

6. 爸爸妈妈要工作，没有时间陪你玩

一天有 24 小时，家长能拿出 2 小时来陪孩子就不算少。家长不一定要陪孩子玩耍，陪孩子吃饭、洗澡、说话、讲故事、哄他睡觉都是陪伴。抽时间陪伴孩子是教育最大的前提。

7. 孩子，我砸锅卖铁也要供你读书

父母投资子女教育的意愿是好的。父母从孩子上幼儿园开始就要操心孩子的教育问题，直到大学，甚至研究生、博士。培养一个孩子考上大学确实要不小的投资，贫困家庭要靠知识改变命运，砸锅卖铁供子女读书。但总这样告诉孩子，会让孩子产生压力，产生厌学的心理，孩子会想早点踏入社会减轻家庭负担。

8. 我们是不行了，孩子，就靠你了

经常有父母在有孩子后会丧失自我感，希望孩子过得比自己好。如果跟一个浑身充满正能量的人相处，你也会每天有激情、有动力。所以父母如果能积极乐观、坚定自信，孩子受到影响，也会对未来充满信心。如果家长整天唉声叹气，甚至自我否定，会给孩子带来负能量，孩子会养成悲观、懦弱的性格。

9. 妈妈求你了

有的妈妈对叛逆的孩子无计可施，只能求孩子去学习或者去做某件事，这种把姿态放得过低的做法是最要不得的。父母与孩子应该站在同一高度，既不要居高临下，也不要可怜祈求。姿态放平，家长才能与孩子平等交流，使双方都能得到理解和尊重。

10. 如果爸爸妈妈离婚，你会跟谁

总是有父母爱问孩子这类问题。让孩子做这样的选择，孩子内心是恐惧的，他们会想爸爸妈妈为什么要离婚？是不是我不乖？孩子容易陷入焦虑抑郁的情绪当中。父母总想知道在孩子心里谁更重要，其实对孩子而言，爸爸妈妈是一样重要的。

第六章

与长辈沟通：抱有尊重，注意技巧

长辈，贵在一个"长"字。因此，与长辈的相处异于其他人的相处。首先，尊重是前提，它不仅是落实在日常生活中的话语上的礼貌尊敬，也落实在一些行为和做法上。即便他们和我们有思想观念上的差异，我们也应该学会理解、尊重。其次，在与长辈的沟通中应尽量表现出自己的真诚，并且勇敢地表达爱和关怀，可以说一些甜言蜜语，可以多关心他们的健康。最后，不要计较老人的脾气，更不要使用一些长辈听不懂的话，学会站在他们的角度上来看待问题，尊重和理解他们。

———————————— ※ ※ ————————————

尊敬是一种态度，尊重是一种做法

人生来混沌无知，我们都是被父辈、师长教导，成长为一个社会人。尊敬长辈就要懂得感恩。父辈老去，晚辈渐渐成长，父辈都希望能一直为下一辈遮风挡雨，父辈自然希望在后辈面前有尊严。就算你已长成参天大树，但尊重长辈会令父辈感到欣慰。

"尊敬"意思是尊崇敬重，指晚辈对长辈或下级对上级的敬重，而尊敬长辈是中华民族的优良传统，那么尊重长辈要从哪里做起呢？

1. 尊重是相互的

长辈应该照顾晚辈、教导晚辈，晚辈基于此而尊敬长辈。有行为不当的长辈，也有令人刮目相看的晚辈。不是不尊重长辈就是大逆不道，对于一些行为不当的长辈，我们还是要保有基本礼仪，同时不让他们的言行影响自己。

小丽近日总是加班到很晚才回家，问她原因，她就开始倒苦水：自从有了孩子，婆婆搬过来照顾孩子，二人世界变成了"四人世界"。在生活上，婆婆能干精明，减轻了小丽夫妻俩不少负担。但是随着相处的时间久了，婆婆除了管孩子外，也开始管小丽，不是说小丽的化妆品对孩子不好，就是说小丽已为人妇、为人母，怎么整天穿得花枝招展。小丽是做销售的，把自己打扮得整洁漂亮是工作需要。但是婆婆不理解，小丽是有苦说不出，却不知如何解决。

这样的事发生在很多家庭里，家中老人总依仗自己年长，阅历丰富，约束晚辈的生活，拿自己那套的标准来要求晚辈，固执古板。可是再固执的人也是讲得通道理的，小丽应与丈夫一起与婆婆谈谈，告诉婆婆她每天回家卸完妆才接触宝宝，她穿的衣服是比较职业化，不代表就是花哨。然而小丽却选择了沉默，逆来顺受，自己怄气。婆婆会觉得自己说的话不管用，媳妇不尊重自己。晚辈应多与长辈主动沟通，让长辈感受到尊重与孝心。

2. 尊重长辈前要尊重自己

尊重长辈不是让你什么都听长辈的，长辈说的话都是对的等。尊重是一种不卑不亢的风度加对待他人有"己所不欲，勿施于人"的心。不对就是不对，不接受就是不接受，不开心就是不开心，你一定要指出来。但你不应以一种激烈的态度和言辞去直接反抗。有些时候我们觉得长辈唠叨，甚至在用亲情绑架我们，但这都不能成为不尊重他人的理由。用长辈能接受的方式去反驳，与长辈讲道理，讲道理不是不尊重，而是告诉他们你的所思所想。

尊重长辈不仅仅是礼仪上的敬重，更是从心底去尊重一些德高望重的长辈。听到一些长辈说："我走过的路比你走过的桥还长，我吃过的盐比你吃过的饭还多。"很多时候孩子都是嗤之以鼻的，认为长辈所言夸大其词。可事实上，人生像一部电影，有的人刚开始看，有人已经看了一大半了。这些人就是我们的长辈，他们有机会总结人生经验，规劝后辈少走弯路。

总之，尊敬是态度，尊重是做法。两者相辅相成，相得益彰。有了尊敬，才会有正确的做法。有了尊重，才能更好地与长辈们和谐沟通，友好相处。

勇敢说出你的爱

问：哪里的儿女最孝顺？

答：朋友圈。

现在母亲节、父亲节越来越受重视，一到五月和六月，朋友圈就开启了"祝福大战"。到处都是在晒妈晒爸，晒红包晒礼物，还有各式关怀的"温馨提示"：你给母亲或者父亲打电话了吗？给他们准备礼物了吗？对他们说"我爱你"了吗？

好像在这两天，人们对父母有说不完的爱，要把平时欠缺的爱意都在这两天表达了。

有人表示，那些鸡汤式的"温馨提醒"与朋友圈里的隔空抒情，有些不过是一种廉价的内心展示，与其说它们是在表达感恩，倒不如说是希望借此掩饰对父母的愧疚之情。

实际上，"朋友圈晒妈晒爸"也是一种孝心，是一种爱的表达。虽然不会表面作秀，但更多是真心表达爱意和祝愿的。在朋友圈表达爱意主要是因为中国家庭成员，特别是父母与子女之间的感情表达一向很含蓄。父母很少说"孩子，爸爸妈妈爱你"，而子女也很少会表达"爸爸妈妈，我爱你们"。这是中国传统文化与观念使然，但未必就是理性、正确的。

心理研究结果表明，爱就该大声说出来。勇敢地说出你的爱，不说别人怎么知道呢。所以说，网友在朋友圈里"晒妈晒爸"，对父母表达祝福，陈述爱意，本身是没有错的，没有必要对其进行讽刺。另外，众多青年人在外拼搏，在家的日子少，母亲节、父亲节时无法回到父母的身边，比起隔空祝福，他们也想实实在在地陪伴。但是出门在外，只能打打电话，发红包、买礼物，给远方的父母送上祝愿，表达爱意。

工作不满一年的周女士，拿出自己上个月一半的工资，给妈妈买了一个包。她说"这是我有自己收入之后的第一个母亲节，虽然礼物很贵，但是理所应当的。"妈妈之前曾看上过类似的包，却没舍得买，于是她选择在这个特殊的日子满足妈妈的心愿并送上了一段充满爱意的节日祝福。

在上大学的明明，学费和生活开销都来自父母，没钱送昂贵的礼物，他想到父亲喜欢旧式收音机，在他小时候，家里有一台，每天一到时间父亲就打开收音机听广播。可是现在，八九十年代的收音机已经是有价无市了，明明就去旧批发市场，千辛万苦低价淘到了一台废弃的收音机。他花了一个月的时间，钻研收音机原理，终于修好了破旧的收音机。在父亲节到来之际，明明将收音机寄到了父亲手中，父亲收到后十分感动。

礼物不在贵重，在于心意。不管什么样的礼物，只要是儿女送的，父母都会喜欢，都会感到宽慰。比起隔空抒情，能回家给父母做顿饭、陪父母聊聊天，才是他们最想要的节日祝福。

三十岁的叶女士把母亲接回自己家里："平时我妈伺候我，母亲节所有事我来做，让她享受一天。"叶女士在家打扫卫生，给妈妈做了一顿丰盛的午饭，晚上带着妈妈去跳广场舞，她说母亲操劳了大半辈子，总是不愿休息，从今往后要多陪陪母亲，让母亲好好享受生活。

工作繁忙的齐先生在父亲节这天也选择回家，他推掉所有工作和应酬，踏踏实实在家待了一整天，陪爸爸吃饭、聊天。在他看来，节日只是由头，陪爸爸应该是常态，而非临时突击。"真的花时间关爱爸爸，才是最好的礼物。"

孝顺应重在平时的陪伴和关爱上。不仅仅是节日的问候，更重要的是平日里的关怀。日常生活中多给父母打打电话，与父母说说自己的生活，与父母真挚地谈心。尽可能地撇下那些不好意思、腼腆害羞，勇敢一点，果断一点，我们会发现对父母说"我爱你"并没有那么难。总之，对父母的爱不应只在朋友圈里，而应在话语里，在平日的小细节里，在我们的心里。

倾听和诉说都要有耐心

随着生活节奏的加快，人们变得越来越浮躁，对于很多事物渐渐失去耐心，这也体现在与家人的相处上。因为三观不同，生活习惯也不一样了，我们经常对长辈说话语气不好，甚至没有耐心听完长辈的一句话，大大消耗了与长辈之间的亲情。

磊磊上高中以后就住校了，一周回一次家。每到周末，父母想与磊磊聊聊天，但磊磊一直在电脑前玩游戏。妈妈问："磊磊，最近在学校感觉怎么样啊？学习吃力吗？""就那样啊，烦不烦，每次都问。"磊磊埋头玩游戏，头也不抬地回答。父母对视一眼，看到了彼此眼里的失望，为什么孩子现在变得这么不耐烦，这么暴躁？

父母向班主任询问磊磊在学校的情况，班主任说磊磊在学校挺乖的，对老师同学都很有礼貌。父母在磊磊玩累了游戏，休息的时候与磊磊进行了一场认真的谈话。磊磊说，只有周末回家才能玩游戏，他在全神贯注地玩游戏，而父母在旁边说话，他根本没心思听。在学校里，他享受惯了没人管教的轻松，结果一到家，父母就开始唠叨，不由自主的，他的火气就上来了。

长大的过程就是朝着稳重成熟方向发展的过程，更多时候我们应平静听完父母或者长辈的诉说，然后再给予回应，让长辈感受到尊重和理解。

可是，为什么生活中绝大多数人对陌生人都能保持耐心，却对亲密的家人表现得不耐烦呢？面对家人，我们可以肆意做回自己，回到襁褓中的婴儿的状态，因为我们坚信，无论自己怎样哭闹、任性、发脾气，都会有家人接纳和理解。在家人面前，我们是安全的，无论怎样都会得到谅解。但是在陌生人面前，我们可能会被否定，可能会遭到拒绝，承担不起后果。所以在陌生人面前，我们要管理好自己的形象，要用规则和礼节来修饰自己，对外人更有耐心。但是，外人在我们的人生中或许只是擦肩而过，父母却是赐予我们生命，同时对我们有养育之恩的人。难道我们不应该拿出更多的耐心对他们吗？

想想小时候，父母是怎么一点一点教会你说话，教会你吃饭穿衣；你牙牙学语时，他们怎么耐心听你说他们听不懂的话；你无端哭闹时，他们是怎么耐心哄你入睡；你做错了事，他们是怎么耐心告诉你做错了不要紧，下次注意；从小到大，他们是怎样耐心照顾你，陪你长大的……现在他们老了，你长大了，仿佛一个轮回。我们需要承担起那个耐心和主动的角色，给予他们更多的爱。

郭先生与妻子小静结婚一年后生了宝宝，郭先生享受着初为人父的喜悦。家中父亲早逝，老母亲过来帮忙照顾孩子，因母亲在农村住习惯了，来城里生活不习惯。郭先生每天早早下班，耐心教母亲怎么用智能手机、各种家用电器，怎么去超市买菜、排队结账，怎么乘坐高楼电梯……母亲还用老一套的方法照顾孩子，郭先生会耐心告诉母亲现在孩子都用尿不湿，对孩子安全卫生。有时候产生了分歧，郭先生也不急躁，听母亲说完，再告诉母亲怎样比较好。后来孩子三岁，开始上幼儿园了，母亲不用带孩子了，闲得慌。郭先生就带着母亲去小区报名广场舞，节假日会一家出门旅游，带着母亲散心。邻居问他和母亲和谐相处的秘诀，郭先生说："两个字，耐心。"郭先生说，孩子刚出生那几天，每天哭闹，他与妻子整夜睡不着。他忽然就明白了母亲把他拉扯大有多么不容易。以前他总对母亲不耐烦，现在才明白最应该被温柔对待的是父母和孩子。

郭先生在与母亲相处的过程中，深知母亲从农村来到城市，充满未知与畏惧。他没有嫌弃母亲什么都不会，而是耐心地指导母亲生活，慢慢地引导母亲。

当然，现实生活中的我们也应该给父母多一些耐心，多些聆听与倾诉。当我们在追逐快节奏生活的同时，也应该试着放慢脚步，等一等年迈的父母、长辈。耐心地与他们沟通、交流，理解他们的心声。毕竟他们年纪大了，反应慢了，就像孩子一样，反过来也需要我们。也只有这样我们之间才能基本保持同步，距离才能渐渐缩小。

对长辈多一些真诚

《庄子·渔父》中说，"真者，精诚之至也，不精不诚，不能动人。"

与他人相处，真诚往往最可贵，最能打动人心。对于长辈更是如此，他们本和我们有着密切的亲情关系，有信任基础。如果我们在此基础上真诚相待，不仅会增强彼此的信赖感，也会增进彼此之间的感情。反之，如果我们对待长辈不能坦诚相待，不仅会失去长辈原有的信任，也会伤及彼此的感情。

那么如何表达我们对长辈的真诚呢？

1. 交流上真诚以待

在长辈们问话的时候，一些孩子心不在焉地听着，时不时地应一句；一些孩子心口不一，不知所措，流露出些许的紧张；还有一些孩子经常说东道西，一会说这一会说那。这都在一定程度上表现出不真诚，要么是语气上的不真诚，要么是言语上的不真诚，要么就是态度上的不真诚。总之，这些看似无关紧要的部分都会给我们的形象减分，都可能会导致对方认为我们没有真诚相待。

天天从小到大都与父母生活在一起，早已习惯了父母的关怀与爱护，却很少和爸爸妈妈交流，对于父母的言行也很少放在眼里，必要时才说一些心口不一的话，甚至经常瞒着父母做一些与学习无关的事情。渐渐地，父母察觉到天天对自己漫不经心、阳奉阴违，一点也不真诚，开始对天天失望，并且开始对他的生活严格管控。

天天的表现所透露出的不真诚，很容易会被父母识破，这不仅会降低在父母心中的信任度，也会伤害到彼此之间的亲情。

在现实生活中我们更是如此，即便我们习惯了来自长辈们的唠叨和提问，我们也需要真诚地回应。我们在对长辈表达的过程中应该在保证话语真实性的同时，也尽可能地注意自己的态度、语气方面是否真诚。有时候，长辈们看重的不是我们是否正确，而是看我们的态度和语气是否真诚、坦然。

2. 在行为上落到实处

行为落到实处，这也就是我们常说的"言行举止一致"。很多孩子喜欢在长辈面前许下承诺，或是过分夸大自己某方面的优势和成果。最后导致说的和做的不一样，结果和现实有差距。然而，当很多长辈决定将某件事情交给你的时候，就会考虑你在日常的行为表现是否和说的一样真实可信，是否真诚靠谱，只有你符合他的标准，他才会信任地把某件事情交给你去做。长辈们虽然在平时不去核实你是否言行一致，但是他们作为过来人，有着丰富的人生阅历，心中自有一杆秤，也有自己的评价标准。他们把一切真相都尽收眼底，只是很少流露出来。

因此，我们做晚辈的不要耍一些小把戏，遮遮掩掩。毕竟这些小把戏，长辈们一眼就能分辨出来。我们应该坦诚做事，答应长辈们的事情要尽力去履行，尽可能保持言行一致。在日常小事中，也应该对长辈多一些真诚，即便犯了错误或者遇到困难，也要坦诚相待，而不是遮遮掩掩让事情变得更加复杂。

对长辈多一些真诚，它是语言表达上的真情流露，可以是一句真诚的问候，可以是一句真诚的赞美；它是行为上的真诚坦率，可以是一个关心的动作，可以是允诺之后的实际表达。总之，真诚体现在日常生活中，也表现在每句话语和每件小事中。

多说一些甜言蜜语

人都喜欢听好话，甜言蜜语满足了人类的自尊心。从心理学角度来说，人类最本质的愿望，就是希望得到别人的赞美。鲁迅在《立论》中曾讲过这样一个故事：

我梦见自己正在小学校的讲堂上预备作文，向老师请教立论的方法。

"难！"老师从眼镜圈外斜射出眼光来，看着我，说："我告诉你一件事——

"一家人家生了一个男孩，全家高兴透了。满月的时候，抱出来给客人看——大概自然是想得一点好兆头。"

"一个说：'这孩子将来是要发财的。'他于是得到一番感谢。"

"一个说：'这孩子将来是要做官的。'他于是收回几句恭维。"

"一个说：'这孩子将来是要死的。'他于是得到一顿大家合力的痛打。"

"说要死的必然，说富贵的说谎。但说谎的得好报，说必然的遭打。你……"

"我愿意既不说谎，也不遭打。那么，老师，我得怎么说呢？"

"那么，你得说：'啊呀！这孩子呵！您瞧！那么……啊呀！哈哈！'"

"这孩子将来是要发财的"虽然是恭维话，但在喜庆的场合，主人家就需要这种祝福的话，听后会心情愉悦。

"这孩子将来是要死的"虽然是实话，但在这种喜气洋洋的氛围中，不适合说这种丧气话，主人听了难免大怒。

人人都喜欢听赞美的话，老人更是如此。有调查显示，给老年人适时有度的赞美，对满足老人的精神需求、提高老年生活质量有不可忽视的作用。与长辈的相处中，学会夸奖和赞美长辈，是生活艺术和孝心的流露，是孝顺长辈的重要表现，用对了甜言蜜语，与长辈之间必定相处和睦。

光倩的老公是军人，回家时间有限。光倩常年与年迈的公婆在一起生活，但是他们家没有一点矛盾，相处十分融洽。光倩说，她与老人相处如此和谐，主要是因为"孝在嘴上"。不仅是孩子，老人也是要夸的。

有一次，光倩多年不见的儿时好友来看望她，两人只顾闲聊，忘了做饭，她的婆婆就亲自下厨，做了一桌丰盛的大餐，让好友大为感叹，光倩也很感动。席间，光倩由衷地赞赏婆婆的厨艺高超，还有操持家务的辛苦。她跟好友说："多亏了公婆，这个家才越变越好。"两位老人听了，连夸儿媳孝顺，儿媳也功不可没。一顿饭吃得其乐融融。

光倩的公公已经七十多岁了，却能熟练操作手机和电脑，并通过电子设备聊天、网购、发邮件、看新闻、跟帖等。其实老人这么善于学习，都是光倩夸出来的。一开始，公公说自己肯定学不会电脑，光倩就告诉公公："爸，只要认得字就一定能学会！"老人才有了学习电脑的兴趣。每当公公有了一点点进步，光倩就赞扬、鼓励公公："爸，您真是不减当年勇，学得这么快！"她丝毫不吝啬对老人的赞美与鼓励，所以一家人和睦相处，家里总是笑声不断。

作为晚辈，对长辈说好听的话，不是恭维，不是"拍马屁"。与长辈说话必定不能像与平辈、晚辈那样说话自然随意。真正的甜言蜜语要发自内心，要真诚。在生活中要嘴甜点，多说好话，知冷知热地关心长辈。

此外，甜言蜜语要用对地方，要掌握好分寸，合情合理，不然显得没有诚意。甜言蜜语不是一味地夸耀长辈，是基于事实而来的。只有恰如其分地赞美才能使我们更好地与长辈交往，从而增进长辈与晚辈之间的亲情。

聊长辈喜欢的话题

如今很多年轻人过年害怕回家，因为难免会被问起各种工作和生活中的事。父母易躲，姑姨难防。"毕业了，找到工作了吗""老大不小了，有对象了吗""眼看奔三了，什么时候要孩子"等问话，让人避之不及。为什么长辈都喜欢谈论这些话题呢？其实是生活理念和生活方式的差异。

我们应该尊重想法的差异，试着接受他们的想法和理念，聊长辈感兴趣的话题。那么长辈们都喜欢聊哪些话题呢？

1. 聊兴趣爱好

虽然长辈操劳了大半辈子，但他们也有自己的兴趣爱好，以前没时间、没精力享受，比如爱养花、养狗、运动、旅游、书法、下棋等，我们在和长辈相处的过程中，可以多聊一些长辈们的爱好，毕竟他们针对喜欢的东西会有更多的话题，也可以使得我们之间的沟通更加和谐、愉悦。

2. 聊年轻时的岁月

对长辈来说，家庭相册是最珍贵的东西了，偶尔翻出来和长辈聊聊里面每张照片背后的故事，聊聊长辈的光辉岁月，那个年代的人物和事件。让长辈有切身体会，自然就有话说了。在聊天的时候，我们要表现得很好奇，对那个年代向往，然后耐心聆听，注重他们的感受，在长辈讲得高兴时，及时表现出崇拜之情，因为长辈最需要的就是被赞赏和认可。

有时长辈难以接受新鲜事物和文化，要多听听他们过去的故事。每个人都是有故事的，长辈年轻时经历得也许不比你少，如果被"逼婚"，可以问问爷爷以前喜欢过几个女孩子啊，怎么跟奶奶认识的，表现出对长辈年轻时候感情生活的好奇和关心。或者请教奶奶作为过来人，找男朋友应该找什么样的，或者说什么样的男孩适合自己。顺便告诉长辈一些自己的想法，彼此交换内心想法，加深感情的交流。

3. 向长辈"撒娇"

与长辈交谈，除了恭敬以外，还可以表现出对他的依赖。比如奶奶做的某种东西好吃，就说奶奶您做的 ×× 可好吃了，我又想吃了。如果奶奶要给你做，你就陪她一起做，给她打下手，多夸夸她，老人会很开心的，觉得你又懂事又孝顺。其核心思想就是让长辈在小辈面前展示自己的特长，同时给长辈机会疼爱你。毕竟老人很喜欢为孩子们做事，因为通过做事不仅能够获得成就感，也能表达对孩子的关心和爱。

　　总之，长辈们都有自己独特的爱好，都有那个年龄阶段共同热衷的话题。我们可以在日常生活中注意观察或者直接问他们的喜好，挑他们喜欢的话题、热衷的事情来进行交流，也可以在沟通中慢慢地引入他们喜爱的话题。只要他们喜欢，我们就愿意耐心聆听，只要他们开心，我们就尽情地与他们互动交流。

不计较老人的脾气

不知从什么时候起，网络上除了"熊孩子"，又多了"熊老人"的称呼。有一些行为不当的老人，乱发脾气，无端索取，不讲道理，让人难以尊重。可是即使这样，对年过杖朝的长辈，我们仍旧应该抱有宽容之心。

与老人相处不是容易的事。如果说不要期望伴侣能改变，那就更不要期望老人能改变。因为单就从生理角度来讲，大脑可塑性从幼年到老年一定是逐渐降低的，行为习惯很难改变，这也是老人容易固执己见的原因之一。况且老年大脑会萎缩，即使没有患病，很多组织也退化了，所以他们的思维方式不仅与年轻人不同，甚至与年轻时的自己也不一样。有些人一直和自己的父母生活在一起，本以为很熟悉了，却仍然摸不清上了年纪的老人的脾气，因为他们已经不是你熟悉的他们了。

此外，从心理角度上来说，现代老人更需要的是儿女的"精神赡养"。现在的生活已经不是老人以前生活的样子了，老人也没有以前那么灵活了。如今科技时代，有时候连我们的爸爸妈妈都无法马上适应，更别说我们的爷爷奶奶了。特别是空巢老人，他们不出门的话，连一个说话的人都没有，生活上也只能自己照顾自己，随着年纪增大，行动不便，难免性格变得怪异，脾气暴躁。

谢雪的姥姥是个敏感多疑、担心过度、容易生气的人。只要有一点儿地方不称心如意，就会骂后辈，认为他们不孝顺不知道感恩。谢雪的妈妈是近几年才和姥姥长期相处，之前妈妈没空带谢雪，姥姥一直带谢雪，所以对姥姥的脾气，她比妈妈更了解些。谢雪告诉妈妈："你要摸清姥姥的'痒痒肉'在哪里，没事儿就挠一挠，有事儿了更要挠一挠。"妈妈听了哈哈大笑，说这个比喻形象、恰当。这几年，妈妈和姥姥之间逐渐磨合，逐渐掌握了姥姥的性情习惯。与老人相处不易，与脾气不好的老人相处更不易，谢雪也因此越发尊重母亲了。

面对姥姥敏感多疑的性格，谢雪并没有表现出反感或是厌倦，而是尽可能地宽容、理解姥姥，经过不断磨合，谢雪的妈妈也渐渐摸清了姥姥的性格，双方之间竟然能够和谐融洽的相处。那么在和老人相处过程中如何不计较老人发脾气呢？

1. 不被老人影响

人是容易被同化的，所以如果你内心足够强大，那么长辈就会被你影响，而不是你变得跟长辈一样暴躁。

2. 多给老人"拍马屁"

给长辈"拍马屁"也就是给长辈"挠痒痒"。多说对方爱听的话，这不仅仅是为了让老人少发脾气、少焦虑、少唠叨，更是希望他们更开心快乐地生活。

3. 通过看书来调节心理

看书是主要辅助手段之一。从图书内容来说，主要有两类，一是心灵鸡汤类，让老人精神有所依托；二是技能类，种菜、种花、跳舞、打太极等，老人通过学习技艺、参加娱乐活动来消磨时间，能有所得，内心就会充实起来，不再悲观。

4. 从心理上暗示

多说一些百岁老人长寿秘诀：脾气好、不急躁、心宽不计较、饮食规律。传达希望老人能长命百岁的愿望。

5. 多带老人出去旅游

旅游重要的不是看到了什么风景，在于你在什么样的年纪站在哪里，以及你的所观所感，和对内心的发问。老人也需要这样的体验，需要看看外面的世界有多大，跳出内心的狭隘。带长辈去旅游，也可以使我们在与长辈相处的过程中，磨炼自己的性子，最终获得勇气、成长和爱。

俗话说："老人要请，小孩要哄。"老人虽然年龄大了，身体弱了，但是他们的脾气或许不减当年，甚至会在原来的基础上有所增长。所以说，我们作为晚辈，更应该尊重老人，理解老人。在和老人相处时，面对他们无端发脾气，我们应该找到合适的应对方法。这样和老人们的相处才能变得更加融洽、更加愉悦。

不要使用长辈听不懂的语言

很多长辈在听别人讲话时，有时会听不太懂。美国马里兰大学一项研究发现，这或许不是耳朵有问题，而是由大脑退化造成的。研究认为，当长辈越是听不懂，大脑就越是无法快速理解别人讲话，即使有些长辈听力正常，也一样会遇到这种困扰。所以，我们在和长辈日常交往过程中应该学会尊重长辈，懂得运用合理的表达方式和长辈们进行沟通。

那么如何让长辈听懂我们的语言呢？

1. 口齿清晰，速度放慢

作为晚辈，我们在表达方式上面可能和长辈之间有所差异，我们习惯于明快流畅地表达。在与同辈交流时，有时候一个眼神，一种语气，对方都可以知晓我们的用意。

然而与长辈们沟通就不一样了，他们随着年龄的增长，听力逐渐减弱，反应也逐渐变慢。研究人员分析大脑皮质神经信号，结果显示，年轻人大脑处理语言内容时，神经信号传递速度较快，年长者接触相同消息时，反应时间明显变慢。研究者指出，年长者往往需要花较多时间，才能了解其他人到底在说什么。

所以我们在与他们进行交流的时候就要注意切换自己的表达方式，尽可能地迎合长辈们的交流需求。在说话的时候，尽量放慢自己的语速，加大自己的音量，同时也要注意吐字发音是否清晰。如果说话含含糊糊、吞吞吐吐，连同辈之间都很难分辨清楚，那就更不要说长辈们了。

2. 少说网络新词、流行语

不知从何时起，语言代沟已经逐渐上升为长辈和青少年之间交流的一大障碍。青少年在日常生活中习惯于使用网络语言，并且这些新兴词语，有的流行一段时间就消失了，有的则一直流行。但是长辈们很少接触网络，很少懂得网络热词，根本不理解这些新词被赋予了何意。

小科看爷爷穿的衣服挺好看，就说："爷爷你这衣服真潮。"结果爷爷回他一句："哪里潮了，衣服这么干……"

　　小蔚穿了新买的衣服给母亲看，问："有范儿吗？"妈妈回答："有，在锅里呢。"

　　小可说："我刚刚看了部鬼片，吓死宝宝了！"奶奶一听，立刻问："小可哪里来的宝宝？"

　　"潮"是时尚的意思，"有范儿"就是好看，"吓死宝宝了"是卖萌的话语，意思是"吓死自己"了。很多中老年人不懂网络语言，因此闹出了笑话。在一笑了之的背后是老人不能理解这些词语，与年轻人的距离越来越远了。网络用语更新换代速度之快，令人咋舌，有时候年轻人都不懂一些网络新词，又怎么能怪老年人不懂呢？

　　所以说，现实生活中我们在与长辈沟通的时候，应该尽量避免使用网络新词、流行语。如果我们在沟通中一味地使用这种长辈根本不懂的词语，不仅会在一定程度上阻碍、干扰到我们与长辈的正常交流，也会显得我们不尊重、不理解对方。

　　尽量避免使用长辈听不懂的语言。当然，这并不绝对，有时候用对了反而能活跃气氛，拉近彼此的距离。但是在用的时候，一定要与长辈解释这个词语的意思，不能自己滔滔不绝，让长辈在旁边一头雾水。总之，只有用之有当，用之合理，才能更好地为我们的沟通服务，才能促进沟通的顺利进行。

第七章

与兄弟姐妹沟通：以和为贵

———— ※ ※ ※ ————

兄弟姐妹之间相处和谐与否，在一定程度上决定了家庭是否和睦与幸福。古往今来，同辈之间的相处更讲究以和为贵。毕竟兄弟姐妹是同一棵树上的果实，有着血浓于水的亲情关系。在日常相处中，兄弟姐妹之间应该有亲情意识，相互主动进行沟通，并且尊重对方的个性差异。当遇到困难时，兄弟姐妹应该团结一致、共同面对、共同解决。此外，在日常相处中兄弟姐妹应尽量避免家庭纠纷，毕竟家和万事兴，一家人只有以和为贵，才能够幸福和睦地生活在一起。

————————————————　※ ※　————————————————

兄弟姐妹一家亲

有一位禅师写了一首描述兄弟情谊的诗："同气连枝各自荣，些些言语莫伤情。一回相见一回老，能得几时为弟兄。弟兄同居忍便安，莫因毫末起争端。眼前生子又兄弟，留与儿孙作样看。"大致意思就是兄弟姐妹如一棵树上面延伸出来的树枝一样，与他们相处沟通时语言需要柔软不能伤害对方。当我们上了年纪就会发现，每次看到兄弟姐妹都会有些许沧桑感觉，所以我们要好好珍惜这段情谊……这种兄弟之情非常值得我们细细品味。

在当今社会，"90后""00后"多数为独生子女，但是在家族中每个人也拥有其他的兄弟姐妹，仍需要与这种同族的亲戚共同生活、友好相处，因为个体是孤独的，其力量也是渺小的。兄弟姐妹是我们生活中的伙伴与助手，陪伴与见证着我们人生大多数阶段，是我们人生中不可或缺的角色。兄弟姐妹源于同一血统，古人都以"手足"来形容其密不可分的关系。

那么，兄弟姐妹一家亲表现在哪些方面呢？

1. 共同的血脉

最能够表达兄弟姐妹之间亲密关系的是血浓于水的血脉，他们就像是血脉藤串联起来的瓜果，共同生长在同一片泥土中、同一棵藤蔓上，包括共同的父母、共同的家庭背景等，很多东西在一定程度上共享。这种先天的血脉关系决定了他们能在人生路上相互陪伴、相互扶持。无论是面对生活中的欢乐还是苦难，他们都能并肩前行，因为血脉把他们聚在一起，把一个人变成了一群人。这一辈子共同的亲情和血脉是剪不断的真实存在。

2. 同盟合作关系

除了血浓于水的血脉关系，兄弟姐妹之间，还有同甘苦、共患难的合作关系。俗话说："打仗亲兄弟，上阵父子兵。"在我们遇到困难的时候，能够无条件帮助、支持我们的几乎都是父母和兄弟姐妹，并且兄弟姐妹陪伴彼此的时间最长，从小到大，都是一直相互依托、相互扶持生活的。

早在原始社会，大家都在一起生活。后来随着社会不断进步，当人们有了私有财产之后，就开始分区域、部落，分姓氏，分家族。事实上，这些划分的目的就是让一定范围内的人们联合起来抵御外敌，保护自身的利益不受损失。为了壮大家族的实力，兄弟姐妹们天然地形成了同盟关系。

兄弟姐妹关系的本质是合作，同甘共苦，合作抵御外人的欺负，合作赡养父母，是上天恩赐的合作伙伴。如果和其他人合作，就需要很多条件，但从一出生，兄弟姐妹之间的这种合作关系就已经确定。

3. 先天的信任优势

除了上天赐予的同盟关系之外，兄弟姐妹之间有一个先天的优势：信任。这仿佛是自亲情之中衍生出的一种情感。兄弟姐妹总是无条件、无理由地去相信、支持对方，当然对方也同样无条件地信任他的兄弟姐妹。

小林大学毕业后就开始创业，经过几年的打拼，他已经开了几家连锁店。自己经常一个人忙得不可开交，可是把分店交给别人他也不放心，因为小林觉得生意只有交给自家人才可靠。于是他找到了自己刚刚毕业的弟弟，尽管弟弟没有社会经验，但是小林告诉弟弟："你有什么问题，哥都会教你，而且我相信你一定能做好！"弟弟看到哥哥如此信任、看好自己，很爽快地就答应了哥哥的托付。

之前小林一个人再忙、再累都没有把店面交给其他人。可是弟弟刚一毕业，小林就把店面交给没有任何经验的他来管理，并且坚信弟弟可以管理好公司，这靠的就是亲情之间无条件的信任。

同样的，在生活中我们也会把一些话常挂嘴边："她是我亲姐姐，交给她我放心。""他是我哥，我不找他找谁！""我妹妹不会先欺负别人的，一定是你不对！"

我们总是习惯性地认为亲人是最靠谱的、最值得信任的。愿意把自己的心里话、自己最真诚的样子展现在对方面前，也总在最为难、最开心的时刻想起兄弟姐妹。因为我们相信他们的帮助和祝福都是真诚的、用心的、无条件的。

当然，我们在信任兄弟姐妹的同时，与他们沟通相处的时候也会多关照他们，给予他们关心和爱护。特别是兄弟姐妹遇到困难的时候，我们会无条件地帮助对方，和兄弟姐妹之间保持融洽的关系。因为我们明白自己和兄弟姐妹之间的感情是任何其他感情都不能替代的，也是割舍不断的。所以我们必须维护这种关系，维护与我们之间的感情，从而保持大家庭的和谐与幸福。

主动和兄弟姐妹沟通

一个家庭能否和谐、幸福，兄弟姐妹能否和睦相处在其中占据了举足轻重的地位。然而在每个家庭中，即使再亲密的兄弟姐妹，也会在相处的过程中产生矛盾。等到彼此组成了新的家庭，难免有一些问题需要沟通。只是面对那些在所难免的分歧和矛盾时，我们有时候会碍于面子不好意思与对方进行和解；有时候会觉得根本没必要主动道歉；还有时候甚至会在心底等待对方先妥协。事实上，这些方式对于解决兄弟姐妹之间的问题，维护兄弟姐妹间的和气并没有什么作用。因为兄弟姐妹间和谐相处最简单有效的方法就是主动与兄弟姐妹沟通。

家庭中一切大大小小的事情，归根结底都是一家人的事情，也是我们兄弟姐妹之间的事情。面对喜事也好、困难也罢，兄弟姐妹之间都应该进行主动沟通，只有彼此互相理解、互相宽容，才能共同构建一个和谐幸福的家庭。

那么在哪些情况下我们需要主动与兄弟姐妹沟通呢？

1. 分享喜悦

一般来说，分享快乐、喜悦最能够帮助人们快速地找到共同话题并且建立深厚的感情。人们内心深处往往都更愿意接纳阳光、积极的事物。比如获得了什么重要奖项，家里买了新家具，赚钱买了什么礼物，遇到什么搞笑的事情等。在遇到这些值得高兴的事情时，我们都可以主动告诉兄弟姐妹，与他们进行沟通、分享内心的喜悦。毕竟面对一路走来的陪伴者，我们愿意把最可贵的快乐同他们分享。

2. 遇到磨难

正所谓"同甘苦共患难"，兄弟姐妹在与我们同甘苦的同时也意味着与我们共患难。我们每个人的生活都不会一帆风顺，在遇到困难、挫折的时候，我们也希望能有人帮助我们排忧解难，给我们带来温暖和力量。这个时候，兄弟姐妹就是我们最需要依靠、最需要主动沟通的人，我们应该敞开心扉与他们交流，告诉他们自己内心的苦恼，告诉他们自己的真实想法。

李雷是一名五年级的学生，兄弟姐妹中属他最小，所以不仅父母宠他，连哥哥姐姐们都习惯性地让着他。但是大家越是这样迁就他，他就越觉得自己是块儿宝，不懂得顾及哥哥姐姐们的感受。遇到不开心的事，他经常一回家又是摔门又是扔东西的，别人问他怎么了，他却一副爱理不理的样子，经常给大家脸色看。有一次，他的脸被人打青了，回到家里，李雷也不主动和哥哥姐姐说，而是一个人躲进房间里不愿出来。久而久之，哥哥姐姐们对他的事情也渐渐地失去了热情和耐心。

李雷生活中遇见事情不但不愿主动与哥哥姐姐进行交流，反而忽略大家的关怀，漠视家人之间的亲情。结果事情没有得到解决，反而伤了家庭的和气。倘若李雷换一种态度和方式，不管遇到多么大的困难和麻烦，都主动坦诚地与哥哥姐姐进行沟通，相信大家也会很热情地给予帮助，并且愿意与其共患难，一起来解决困难和麻烦。

3. 征求意见

当我们遇到事情需要出谋划策、彼此商量的时候，应该主动去找兄弟姐妹沟通，征求他们的意见和建议。俗话说："兄弟同心，其利断金。"一个人的力量是有限的，但是只要心往一处凑，劲往一处使，兄弟姐妹合在一起的力量是强大的。我们主动找兄弟姐妹出谋划策，不仅体现出我们重视彼此的感情，也体现了我们对他们的信任。

所以说，主动与兄弟姐妹沟通才能赢得机会，赢得机会才能加深彼此之间的交流与感情的建立。每天多花一点时间，主动和兄弟姐妹谈谈，可以谈谈自己的学校、老师和朋友，开心的事情和不开心的事情，与他们一起分享自己的喜怒哀乐。同时，也多多关注他们的生活，用心倾听和分享他们的心声，了解彼此的需要，进行有效的沟通，才能共同促进家庭的和谐。

尊重对方的个性和行为习惯

《弟子规》里面讲："兄道友，弟道恭。""道"即相处之道，"友"即友爱，"恭"即恭敬、尊重。意思就是兄弟姐妹之间要长爱幼、幼敬长，互相尊重、互相友爱。

每个家庭看似是一个整体，实际上却是独立的个体结合而成的共同体。每个人都有自己独特的个性和行为习惯，兄弟姐妹在相处的过程中也难免会因为个性和行为习惯上的差异而产生矛盾和问题。面对这些差异，我们可能会不理解、不认同对方。但是换一个角度来看，我们谁都是独立的个体，谁都有特殊的一面，既然作为亲密的家人，就要试着尊重对方的个性和行为习惯。

那么如何尊重对方的个性和行为习惯呢？

1. 求同存异

"求同"指的是寻求共同之处，"存异"指的是允许、保存产生差别。在与兄弟姐妹相处的过程中，我们在寻求共同之处的时候，也需要保留不同意见。不能因为个别差异和分歧而影响主体的一致。简单来说，就是在保留共同之处的同时，尊重差异，理解个性。

在家人相处的过程中，很多时候我们会习惯性认为别人的所作所为会跟自己相差无几，一旦发现事实并非如此时，我们就会不快、生气或者是莫名的恐惧。然而转念一想，大可不必如此。因为每个人都有自己的特点，都有自己的秉性，与其较劲，不如打开胸襟，允许别人与自己不同。这样既成全了别人，又快乐了自己。

2. 不干涉、不阻止

有时候我们会因为看不惯兄弟姐妹而去阻止、干涉对方的行为。虽然这是出于对他们的关心，但这样往往会适得其反。不仅不会成功，而且还会引起对方强烈的反感，伤害彼此的感情。事实上，最好的办法就是不阻止、不干涉，给对方充分的尊重以及充足的个人空间。同样的，在你充分尊重对方个性和行动的时候，对方也会给予你一定的尊重和理解。

阿正是一个爱好广泛的孩子，从初中开始就对航模感兴趣，经常参加学校的航模兴趣班，甚至常常用自己的早饭钱买航模用具，他对航模的热爱已经到了接近疯狂的地步。姐姐发现阿正常常不吃早饭，把钱都花费在航模爱好上，认为弟弟在胡闹，立刻严厉阻止了他。可是面对姐姐的干涉和阻止，阿正并没有放弃他的航模爱好，还是一如既往地用零花钱买航模用具。他告诉姐姐："无论你怎样阻止，都磨灭不了我心底对航模的热爱，因为这就是我的梦想、我的爱好，希望你可以尊重和理解。"

姐姐发现阿正的爱好后，不去理解他，反而加以干涉、阻止，虽然是出于关心弟弟、为弟弟好的目的，但是弟弟内心深处更需要的是姐姐的支持与肯定。阻止和干涉不仅不会让弟弟就此停止，反而会更加坚定弟弟心底的爱好。所以说，面对兄弟姐妹之间独特的兴趣和个性，不阻止和不干涉就是对他们最大的尊重和支持。

3. 给予客观的肯定和赞扬

每个不同的人，心中都渴望得到他人的尊重、理解、肯定、赞扬。这些积极的回应都是对他们行为上的认可和鼓励。尤其是对于兄弟姐妹，他们更加渴望得到身边亲人的肯定和赞扬。因为家人在一定程度上是他们坚强的后盾，是他们精神上的支柱。倘若我们一味地批评、否定、贬低对方，只会打击到对方的自尊心、自信心，使对方感受不到亲人的温暖，甚至会淡化彼此的亲情。当然，不能盲目支持和赞扬，而是应该站在客观角度上理性对待。

总之，对于兄弟姐妹那些积极的个性和独立的行动，我们应该给予充分的尊重和支持，在一定程度上给予客观的肯定和赞扬。只有相互尊重、相互理解，友好和谐相处，才能共同营造出温馨祥和的家庭氛围。

不争宠、不告状

每个孩子都希望被宠爱，渴望更多的关爱。尤其是对于兄弟姐妹较多的家庭来说，父母可能有时候顾及不到每个人，那么这种情况下，孩子的争宠心理会更加强烈。

儿时我们每个人在和兄弟姐妹相处的时候经常会出现这种状况：发现兄弟姐妹有什么不对，就想着如何告诉爸爸妈妈来揭穿他们，同时借助揭发对方的错误来博取父母更多的宠爱。虽然这是一种正常的心理现象，但是放任其发展不仅会带来各种各样的矛盾纠纷，还会影响到兄弟姐妹之间的和谐。我们都知道被人告状是什么滋味，所以在上学时代，我们都讨厌那些给老师打报告的学生。同样的，在家里，我们也讨厌那些喜欢告状的兄弟姐妹。

根据心理学家的研究，长子（女）通常比弟弟妹妹对家庭更有责任感，适应能力更强，甚至连智商都比后面出生的子女要高出几分。也正是这种强烈的责任感和适应力导致他们有一种掌控心理、独霸心理。自从国家实行二胎政策，很多家庭老大的这种独霸心理日益显现，他们心底有一种危机意识，担心父母对自己的宠爱被人分走，丧失自己的地位。他们试图用语言和行动来干涉父母，这种行为就是典型的争宠行为。

一名 8 岁的小女孩燕燕，因为嫉妒妈妈对妹妹的照顾，经常私下里打骂妹妹，还告状说妹妹不听话。原来随着妹妹的出生，父母对燕燕的照顾没有以前那么周到了。当燕燕发现妈妈的爱被妹妹"抢走"后，就开始变得醋意甚浓。习惯了家里只有自己一个宝贝的她，看见妹妹手里的玩具，就会把它"抢回来"，不允许妹妹碰她的任何东西。有一次，燕燕出去玩，没有带着自己的洋娃娃。结果回到家里看到妈妈拿着洋娃娃在哄妹妹开心，她哇的一声就坐在地上哭了起来，任谁去扶她、安慰她，她也迟迟不愿意起来。后来直到把洋娃娃还给她，她才听话起来。

燕燕的一切反应都是孩子内心争宠和不安的表现。当然这也是孩子面对弟弟妹妹出生后的正常心理反应。一般情况下，家里的老大都是得到父母关爱最多的孩子，因为在弟弟妹妹出生之前，父母所有的关爱都会集中在他的身上。但是伴随着弟弟妹妹的出生，来自父母的爱会被分走一部分，这会不可避免地对孩子造成心理上的冲击，因为无论父母如何公平对待，他所受到的关爱实际都需要被分出一部分给弟弟妹妹。而且由于年龄差别的原因，年幼的弟弟妹妹所受到的照顾肯定要比自己多，在这种情况下孩子的内心多少都会产生失落、不满和嫉妒的心理。

实际上，家里的长子（女）作为哥哥（姐姐），因为年龄相对较大，并且比弟弟妹妹拥有更多的家庭责任感，所以应该时刻以身作则，努力成为父母的得力助手和弟弟妹妹的榜样。例如，平时要多做力所能及的事情；遇事要宽宏大量，不与弟弟妹妹斤斤计较；当弟弟妹妹求助的时候，应该耐心帮助和解答；面对弟弟妹妹的错误，不能随意指责、打骂，以免伤害到他们的自尊心；更不能经常在父母面前告状，引起他们的反感，伤及兄弟姐妹之间的和气。

从弟弟妹妹的角度来看，与哥哥姐姐恰恰相反，后面出生的孩子责任感和适应性会相对弱一些，但是他们的叛逆性和反抗意识则会比哥哥姐姐强一些，因为对于他们而言，自己的爱都是从哥哥姐姐那里分过来的，并且很多时候，弟弟妹妹要受到来自父母和哥哥姐姐两个方面的双重管制，其占有欲、叛逆心理和反抗意识就会更强烈。

应该摆正心态，尊重哥哥姐姐，不能带着叛逆心理去反驳、抵抗他们，也不能存有"我年龄小，你应该处处让着我"的心态，更不能仗着父母的宠爱就娇蛮无理或者是干什么事情都不把哥哥姐姐放在眼里。当与哥哥姐姐发生矛盾时，更不要利用自己年龄小又得宠的优势跑去父母面前撒娇、告状，以免加深兄弟姐妹之间的误会和隔阂。

总之，无论是哥哥姐姐还是弟弟妹妹，都应该尽量站在对方的立场上为对方着想，不能仗着被宠爱就经常打小报告、为所欲为。应该与兄弟姐妹之间建立互相尊重、互相理解、互相爱护的关系。这样兄弟姐妹才能情同手足，才能同气连枝，感情才能和谐而亲密。

遇事彼此商量、彼此谅解

家庭就好比同一把琴上的弦，他们在同一首旋律中和谐地颤动，但彼此又都是独立的。

家庭的和谐一定是建立在每个家庭成员的共同协商、共同前进的作用之上。其中彼此商量、彼此谅解是兄弟姐妹在一起不可缺失的，毕竟人与人之间存在个性上的差异，总会产生一定的摩擦，这时候就需要彼此的协商与谅解。

在现实生活中，每当遇到事情、面临问题的时候，我们难免会产生不同意见，从而带来一定的分歧。如果我们一味地坚持自己的观点，很难在一定程度上达成一致，这不仅不利于解决实际问题，而且也容易因此伤及家庭的和气。换个角度来看，倘若我们能够站在客观的角度上，尝试着与兄弟姐妹彼此谅解，在阐述自己观点的同时也试着尊重和理解对方的观点，这样解决事情就变得更加容易了。

那么如何在相处的过程中彼此商量、彼此谅解呢？

1. 具备团结一致的心

每当家庭中遇到事情时，是什么把兄弟姐妹们聚到一起？当然是团结一致的心。每一个家庭都不能靠一个人单枪匹马的努力，而是依靠整个家庭成员的一致贡献与努力才得以维持、运行。就像一首歌里唱的那样："团结就是力量，这力量是铁，这力量是钢，比铁还硬，比钢还强。"一个人的力量是渺小的、有限的，一群人团结起来的力量才是强大的、有力的。

胡爷爷有五个儿子。在他的记忆中，每逢过年过节，大家相聚在一起都很热闹。每当大家庭中遇到事情，兄弟们也都会聚在一起进行协商，有力的出力，有钱的出钱，最后妥善解决问题。有一次，胡爷爷生病了需要立刻送往医院进行救治，几个儿子火速把父亲送上急救车，并且在路上就安排好了照顾老爷子的事情。有时间的留下来照顾老爷子，没时间的在医药费上面多付一些。解决问题时大家都没有私心和异议，共同解决老爷子的事情。胡爷爷深深地感慨：很自豪自己能有五个团结一致、同甘共苦的儿子，这是他们整个大家庭的福气。

胡爷爷的五个儿子不仅能够团结一致、和谐相处，遇见事情也能为大局考虑，进行明确分工、合理协商。最后在处理事情方面保持意见的统一，从而更加有效和谐地解决问题。

事实上，一个家庭在遇到事情的时候最考验兄弟姐妹之间的团结性、也最考验一家人之间的和谐。想要更好地解决问题，更好地维持家庭和谐，我们每个人应该着眼于事情本身，应该站在客观的角度上，排除个人意见和情绪，为大局考虑，与家人进行协商和探讨，共同努力、团结一致，才能更加有效地解决问题。

2. 真诚地接受

家庭中出现问题的时候，每个人都会持有不同的意见，都有各自的想法，这是很正常的。但是每个人的意见都不一定是最佳方案，都并非是最合理有效的。那么这个时候就需要我们真诚地接受来自对方的看法和建议，商量、分析，我们才会得出更为合理、完善的解决方法。同样的，当我们真诚地接受兄弟姐妹们的意见时，他们也会更加愿意真诚地倾听和接受我们的意见，这样大家沟通起来才会更加顺利。

3. 坦然地谅解

家庭生活中难免会出现大大小小的事情，每个人可能都会担负相应的责任、一定的过错。但是我们切不可一味地抓住对方的过错，把责任归咎在一个人身上，而是应该坦然地谅解对方。毕竟谁都有犯错的时候，面对错误和问题，最重要的不是去追究谁的过错、谁的责任，而应是去寻求解决的办法，协商出更好的结果。家庭是大家的，每个人都希望它能够朝着幸福和谐的方向发展。因此面对不可避免的小过错，我们应该试着去迁就、去谅解、去接纳。勇敢地承担起属于自己肩上的责任，鼓舞兄弟姐妹同心协力共同创建和谐幸福的家庭。

总之，每个家庭中可能都会经历多多少少的事情，不论是什么样的事情都需要我们彼此商量、彼此谅解。无论是照顾年迈的父母，还是平衡整个家庭的利益，这些问题都需要我们一起沟通，一起并肩奋战。只有团结一致，才能更好地解决问题、化解矛盾。

谈论你们之间的关系

俗话说："姐妹连肝胆，兄弟同骨肉。"兄弟姐妹之间就像是肝与胆、骨与肉一样不可分割。他们不仅拥有共同的血脉、共同的家庭，还拥有与其他人不一样的亲密关系。

然而生活中却有很多人存在这样一种情况：很害怕谈论与他人的关系，特别是自己的兄弟姐妹，不能够很坦然地表露与兄弟姐妹之间的关系。事实上，我们大可不必对亲情关系遮遮掩掩。面对他人的询问或者是在一些沟通中需要提及的地方，我们都应该大大方方地谈论我们与兄弟姐妹之间的关系。

那么如何才能让我们大大方方地谈论与兄弟姐妹之间的关系呢？

1. 坦诚相待

兄弟姐妹之间的相处最重要的就是坦诚相待，如果我们对彼此亲密的人都不能够坦诚相待，那么还能对谁坦诚相待呢？坦诚相待不仅是在培养彼此的信任感，同时也是在建立感情基础。如果生活中我们觉得哪里不对，就应该让兄弟姐妹知道；如果我们有什么心里话，也应该及时和兄弟姐妹沟通。毕竟作为一家人，无论发生什么事情，我们都应该坦诚相待、互相理解、互相扶持。

2. 努力改善关系

兄弟姐妹在长久的相处之中难免会存在一些分歧、矛盾、误会。有时候，这些小小的分歧和误会很可能会威胁到我们之间和谐的亲情关系，甚至是埋下隐患，从而使兄弟姐妹产生一定的隔阂。面对这种情况，我们就需要及时主动地与对方进行沟通，努力通过热情来改善彼此的关系。即便兄弟姐妹之间有过一些争吵和纠纷，也应该学会释怀、谅解和包容对方。因为只有忘记那些不快，不计前嫌，兄弟姐妹之间才能和睦相处。

当然，改善兄弟姐妹之间的关系绝非易事。尤其是对于那些已经产生了矛盾、隔阂的兄弟姐妹，想要缓和关系不是一时半会儿就能做到的。这时候就需要我们保持强烈的愿望和耐心。人都是感情动物，亲人之间因亲情感化更加容易接受和原谅对方。只要你心意尽到了，力气使足了，兄弟姐妹们必然承情。长此以往，一家人又会紧紧地维系在一起，毕竟血浓于水的亲情摆在那里，这种血脉关系不会因为任何变故而改变。

3.成为朋友

我们在改善与兄弟姐妹之间关系的同时，还可以建立一种新的、良好的关系，即朋友关系。为什么我们需要建立与维护兄弟姐妹间朋友的关系？答案非常简单。当我们在维护与兄弟姐妹之间关系的时候，不仅得到了一个姐妹或者兄弟，还收获了一个相互友爱、相互尊重的朋友。这也是我们努力、热切改进关系的主要方向。

梅梅是一名高中生，家里有个大她四岁的姐姐。按道理说，梅梅正处于青春叛逆期，应该会有很多心事和小秘密，但是她和姐姐相处十分融洽，就像亲密的朋友一般，梅梅什么话都和姐姐说。姐姐在市里读大学，每星期都回来陪伴梅梅，一边为梅梅描述大学生活的场景，一边激励妹妹努力学习，考进理想的学校。她们周围的人都知道这对姐妹。梅梅也经常跟身边的同学谈论自己与姐姐的关系，并且告诉她们大学生活究竟是怎样的。身边的同学都美慕梅梅能有个无话不说、像朋友一般的姐姐。同样的，姐姐的大学室友也都很美慕她有一个可爱听话的妹妹。她们两个就像朋友一般亲密而友好，这样的关系真是让旁人美慕无比。

生活中，梅梅什么事情都对姐姐说，姐姐有什么新鲜事儿也会告诉妹妹。姐妹俩无话不说，就像朋友一般。她们互相了解、互相尊重、坦诚相待，亲密友好。更是大大方方地对身边的朋友提及她们之间的姐妹关系，在一定程度上与对方达成共识，愿意与对方融入在一起。

和兄弟姐妹之间建立友好的朋友关系能够让对方真诚地接纳自己，并且快速地培养彼此的感情。当我们与兄弟姐妹成为好友时，也一定会坦诚、大方地谈论与兄弟姐妹之间的关系。因为它不仅不会影响到我们之间亲密和谐的亲情关系，还会加深我们之间的感情。这种全新的关系会让我们更加坦然地接受对方，更加愿意提及对方。

支持你的兄弟姐妹

《淮南子·本经训》中写道："标林欂栌，以相支持。""标林"即柱子，"欂栌"即斗拱，亦作"欂卢"，是指柱上承托栋梁的方形短木。大致意思就是柱子和斗拱之间相互支持、相互支撑。同样的道理，兄弟姐妹之间就好像是柱子和斗拱的关系，需要相互支持、相互支撑，才能建立起和谐幸福的家庭。

兄弟姐妹是我们每个人生活中都无可替代的角色，他们的存在本身对我们来说就是一种支持。他们既是我们成长过程中的陪伴者，又是构建和谐家庭的贡献者，共同赡养父母的分担者，还充当我们精神上的坚实后盾。一路走来，无论发生什么，成功、荣誉、失败、挫折、孤独、恐惧，他们永远会无条件站在身边支持我们、拥抱我们、安慰我们、鼓励我们。

同样，在漫长的人生道路上我们也应该给予兄弟姐妹支持和鼓励。

1. 给予关怀，表达爱意

家庭是一个充满爱的地方，兄弟姐妹的相处和沟通应该建立在友爱的基础之上。当兄弟姐妹们遇到挫折需要打气时，我们应该给他们温暖和鼓励；当兄弟姐妹获得荣誉时，我们需要给予他们赞赏和拥抱。总之，作为他们人生每一个阶段的陪伴者，我们有责任也有义务去给予他们无限的关怀和温暖。可以是一个会心的微笑，一个温暖的拥抱，一个充满爱意的眼神……只要能够表达我们的关怀和爱意，都足以让对方感受到温暖和力量。

2. 帮助解析，分忧解难

人生道路总是磕磕绊绊，充满坎坷。一路走来，家人是我们最温暖的依靠、最坚实的臂膀，他们伴随着我们走过人生的风风雨雨。相应的，当兄弟姐妹遇到困难和挫折，需要我们给予帮助时，我们应该主动热情地帮助他们分忧解难，一起出谋划策。用实际行动来支持他们、呵护他们，让他们感受到温暖，感受到真情。

华先生的大家庭里有五个兄弟姐妹。他们的小家庭都很普通，日子过得也不算富裕。但是几个兄弟姐妹却十分团结。只要其中一个成员遇到事情，大家都会帮助彼此，分忧解难，共同解决问题。有一次，其中一个兄弟在工地干活由于施工安全设施没有做到位，出了事故，可是工地负责人却强词夺理，不愿意负责。后来几个兄弟姐妹共同为他打抱不平，一边留两个人到医院去照顾兄弟，另两个人到工地上去讨说法。他们为了兄弟的生活能有着落，硬是坚持了半个多月。最后通过据理力争，拿到了赔偿款。

华先生五个兄弟姐妹虽然各自组建了独立的小家庭，但是他们却仍旧同心协力。五个兄弟姐妹团结一致，互相扶持，你有困难我帮你，我有困难你帮我，共同面对人生的风风雨雨。

在现实生活中，我们很多家庭也是平凡而普通的，这样一个极为普通的家庭承受不了太大的风浪。但是如果拥有团结一致和相互扶持的兄弟姐妹，那么无论再大的风浪，我们都能化解难题，更好地走下去。

3. 互吐心曲，相互鼓励

每个人在面临困境时，都想找一个知心伙伴来倾诉自己心中的烦恼和郁闷，这样心理痛苦就会减轻一些。在遇到开心事的时候，也想着与最亲密的人分享。作为兄弟姐妹我们就是彼此最亲密的伙伴。能够在兄弟姐妹伤心绝望时，准备好一个肩膀让他们去哭泣；能够在他们成功喜悦的时候，给予他们真诚祝福和鼓励。兄弟姐妹间把彼此当作倾诉隐情和心酸的绝好对象，互吐心曲，相互鼓励。

总之，没有任何关系能胜过亲情；也没有任何人能胜过亲人。无论兄弟姐妹遭遇什么，我们都应该站在他们的身后支持他们、呵护他们，大家一起相互扶持，共同进退，共同经营幸福和谐的家庭。

尽量避免家庭纠纷

法国作家蒙田在《随笔集》中这样写："治理一个家庭比统治一个王国更难。"解决家庭纠纷永远是一道难题，并且这道难题会时常出现在生活里。因为任何家庭都或多或少存在一定的矛盾和纠纷。

当然，兄弟姐妹之间小吵小闹是很平常的事情，偶尔的争执更是家庭生活的一部分。但是持续不断地争吵不仅会产生更深的矛盾，带来更多的纠纷，也会损害家庭成员之间的关系。因此在家庭相处的过程中，我们最好的做法就是从根源上下手，尽量避免家庭纠纷。毕竟清官难断家务事，对于解决家庭纠纷我们没有更好的办法。

那么如何尽量避免家庭纠纷呢？

1. 避免情绪化

情绪化是家庭纠纷的导火索，很多人在沟通的过程中发生争执和矛盾，绝大多数都是因为情绪和态度问题。情绪化是一个很严重的问题，它会在一定程度上干扰我们和他人进行正常交流。导致对方不愿意接受我们的意见和建议。

李猛是兄弟姐妹中最小的一个。他经常在外面惹是生非，回到家里也不安分，经常与哥哥姐姐发生矛盾。大家总是好意相劝，李猛却不领情，甚至怪哥哥姐姐多管闲事。有一次，李猛的班主任打来电话："李猛在学校私自翻墙逃课，影响恶劣，请家长速到学校解决问题。"因为爸爸妈妈平时比较忙，所以身为长子的哥哥没有通知爸爸妈妈，独自前往学校。到了学校，哥哥首先把李猛拉到一边询问原因。没想到他却态度恶劣地说："你又不是家长，你来干什么？"哥哥见李猛这个态度，又加上他逃课，当场一生气，把弟弟揍了一顿。

李猛作为这场矛盾的源头，不仅没有认错的态度，反而无视哥哥的好意，最后引起了这场纠纷，并且吃了拳头。换个角度来看，如果他态度诚恳、心平气和地跟哥哥解释事情的原因。哥哥也肯定会客观冷静地向老师解释，尽量避免这场纠纷，事态也不会这么严重。

所以，在我们和兄弟姐妹之间进行沟通的时候，应该尽量保持冷静客观的态度，心平气和地面对一切，有什么事情我们大家坐下来好好地谈一谈，给足对方面子，对方即便心里仍有怨气也会不好意思与我们发生冲突和激烈的争吵。在此基础上，我们反而会更加愿意接受对方的意见和观点，甚至觉得一切的争吵都是没有必要的。

2. 合理地表明立场

有时候，我们在与兄弟姐妹交流的过程中由于立场不鲜明、观点不突出，容易让人抓不住重点，不赞同我们的立场，甚至会因此产生隔阂和误会。还有一些常见的情况就是在交流的过程中扯出一些与话题不相干的问题，使得矛盾复杂化。这两种情况下的沟通都容易导致双方出现分歧、发生冲突。倘若换一种简单明了的方式，合理表明自己的立场、清晰地表达自己的观点。这样沟通起来就会更容易被对方接受，对方也会认真地考虑我们的观点，那么分歧也就能进一步减小，矛盾也会进一步淡化。

3. 尊重对方的意见

《挑战人性的弱点》中有这一句话："如果你辩论，争强，反对，你或许有时获得胜利；但这种胜利是空洞的，因为你永远得不到对方的好感了。"我们与兄弟姐妹之间产生分歧的时候，不能一味地忙于如何辩论，一味地指责、反对对方，这样不仅使得事情无法得到缓和，甚至会激化矛盾。

在我们诚恳、清晰地表明自己立场的时候，也应该尊重对方立场、不干涉对方的观点。主动倾听对方的意见和建议，切勿中断或者干涉他的话，并客观地认同其可取的部分。因为我们的主要目的是解决冲突，而不是针对或胜过对方。

在面对整个家庭的分歧时，我们也应该保持中立的立场。尊重每一个人的意见，不偏袒兄弟姐妹中的任何一方，也不说其他家庭成员的坏话。本着维护家庭和谐的原则共同避免家庭纠纷。最后既维持了兄弟姐妹之间的和气，又能够心平气和地解决问题。

第八章

与领导、下属沟通：对上有义、对下有情

※ ※ ※

职场沟通中，不仅要讲究工作要领，也要讲究"有情有义"。不管是对领导还是下属，我们在沟通中都需要把握一定的准则和技巧。首先，信任是第一位的，信任是进行一切有效沟通的前提。在相处过程中我们可以利用一些柔性策略，加强工作之外的沟通，从而取得领导的信任。其次，为了深入了解工作，无论领导或者下属都需要进行一些引导性提问，提一些建设性的建议。通过深层次的提问和建设性的提议，来获取我们想要的答案，以及想要达到的工作效果。

———————————————— ※ ※ ————————————————

取得信任，突破沟通障碍

卡耐基有句名言："高效的沟通者都知道，人与人之间的桥梁是建立在信任、亲善和人际关系的基础之上。"不能取得对方的信任，就无法获得有效沟通，也就很难把要做的事情做得顺利圆满，工作就会出现障碍。

在职场中，很多工作执行上的困难都和沟通不畅有着直接关系。通常情况下，越是缺乏信任。就越是不利于沟通。而沟通不畅又进一步导致合作双方缺乏信任。两者相互影响、相互制约，最终妨碍了工作的顺利执行。而培养信任感不仅可以改善领导与下属之间的关系，而且还可以大幅度提高执行力。所以说，想要工作顺利进行，取得信任，突破障碍是前提。

那么如何在工作过程中取得信任，突破沟通障碍呢？

从领导的角度来看，信任感通常是员工与领导建立关系的开始，也是领导抓住员工内心的开始。如果你要让员工同意你的观点，很乐意为你做事，首先你就要让他相信你是他真正的朋友。

当然，信任感的建立并非是一朝一夕的。作为领导，要不断地与员工进行交流，在交流过程中多聆听他们的想法，尊重他们的意见。平时多了解员工的工作和生活，给予他们及时的慰问和关心。渐渐地突破沟通中存在的障碍，在他们心中一点点地建立起信任感。长此以往，便能够形成稳定的信任关系。

从员工的角度来看，员工在工作中需要在两个方面取得信任，突破沟通障碍。一方面是领导，另一方面是同事。

许多员工信奉"言多必失""少说话，多做事"的工作理念。往往只专注自己手头上的工作，而不注重与领导之间的沟通。有时候也会过分解读领导与员工之间的关系，认为只有领导发话的权利，没有员工说话的份。然而他们忽略了一点，领导也是人，也是有血有肉的感情动物。人与人之间的好感都是通过生活和工作上的接触、语言沟通建立起来的。并且员工只有和上司进行沟通，才能把真实的自我展现在上司面前，让上司直观地认识到你的才华与能力，进一步相信你的执行力。

新员工小蒋，刚刚入职一家企业的时候，遇到这样一件事情。当时正逢公司放假，全体员工休息。但是这个时候，有一个分公司送来一份投标文件，需要公司董事长亲自审核签字。因为时间紧急，需要在一下午之内办完所有的手续。负责人急得团团转，却四处找不到人来解决这个问题。因为大家都知道这是一个烫手山芋，搞砸了肯定不好过。这时候，小蒋主动找到经理说："经理，这件事情既然没人愿意负责，那就交给我吧，我一定会尽全力做好！"就这样，小蒋主动和经理进行沟通，他很快接手了这份工作。并且马上与董事长电话联系，没想到，董事长很和善，并且协助小蒋顺利办完了所有手续。这次事情过后，领导对小蒋刮目相看，并且逐渐将一些任务都分配给小蒋，小蒋也因此取得了领导的信任，得到了提拔。

面临工作中的挑战，小蒋虽然是新员工，但还是主动和领导进行沟通，并且勇敢地抓住了机会。事情办成之后，小蒋不仅给领导留下了敢于承担责任的深刻印象，也因此取得了领导的信任。

所以说，当工作中存在问题时，我们有想法和建议就应该表达出来，多和领导沟通，敢于接触领导，因为他们没有我们想象中的可怕，甚至比我们想象中要平易近人、通情达理。

同事是我们在工作中接触比较多的人，也是建立信任和感情较快的。因为同事之间是互相学习、彼此协作的关系，善于与同事之间合作，能够增进彼此间的理解和信任。毕竟同事之间只有进行交流，才能彼此了解，才能进一步从彼此身上学到有价值的东西，从而提高我们的工作能力。

此外，当我们在公司里与同事之间产生摩擦，也应该主动与其交流，想尽一切办法，及时沟通解决。总之，沟通得越早，彼此之间矛盾的化解就越好，彼此的信任度也会提高，并且不会在以后的工作中产生过多的沟通障碍。

柔性策略，加强工作外的沟通

在职场中，上下级间的沟通往往是困难的。因为工作中的沟通渠道比较单一，除了工作之外，双方很少存在其他方面的互动和交流。并且员工在工作中找不到技巧和方法，多数也不敢主动与领导进行更多的互动与交流，所以上下级的沟通间就存在着一定的阻碍和限制。

事实上，领导并没有我们想象中的那么不近人情、难以沟通，领导与员工都是感情动物，当我们找到恰当的方法和领导建立起一定的感情联系后，沟通自然就能够顺利进行下去。通常情况下，人与人之间的好感都是通过生活和工作之余的接触建立起来的。也就是说，我们应利用一些柔性策略，加强工作之外的沟通。

什么是柔性策略？所谓柔性策略指的是在轻松的场合利用一些柔和并且带有感情的语言和行为表达方式来改变其知觉，建立新的感情和联系。

那么如何使用柔性策略，加强工作之外的沟通？

1. 态度谦和，表达理解

一个人在与他人相处的过程中，如果想要得到对方的回应，就一定要有温和的态度，你的态度决定了对方是否愿意接受你。作为员工，在和领导相处的时候，更要放低姿态，分清主次关系，态度一定要温婉谦和。即便领导摆出一副高高在上的架子，我们也要尽可能地表示理解。当我们给足了领导面子，并且表现得平易近人、通情达理，相信领导也会渐渐放下架子，打开话匣子，同我们进行交流。

2. 言行举止得当，表示尊重

在轻松的场合与领导进行沟通时，也有一定的讲究。例如吃饭时位置如何坐？酒桌上的规矩怎样？话要怎么讲？这些都有一定的要求。即便是在较为轻松的场合，我们也不能忽略这些细节。虽然很多领导表面上说不在意这些，其实心中看得比谁都清楚。我们作为员工，心中也要有一杆秤，言行举止要得当，你的每一次尊重和礼貌，领导都看在眼里。并且你的态度决定了领导是否想进一步了解你，寻找你的闪光点。

3. 适当互动，建立联系

如今在职场中，竞争日益激烈，各个阶层压力都很大。尤其是领导阶层，他们承担着更多的责任、更多的挑战，压力自然很大，在工作中自然对员工要求严格，甚至苛刻。也正因为工作的严谨性导致领导与员工之间的沟通太少。因此，作为员工应该加强与领导工作之外的沟通，进行适当的互动，以此建立联系、加深了解。

小张是业务经理，在与合作方的合作过程中产生了一系列问题，致使业务发展很不顺利。在公司年终会议上，小张总结了业务发展中遇到的一些实际困难，由于对该业务的过分投入，总结时小张讲话的情绪一度有些激动。万万没想到不久后，领导下达的年度业务量高得出奇，小张心里想着"今年的业务量停留在这个档次上，明年怎么可能达到？"郁闷至极。小张一边揣摩着是不是因为自己态度不好得罪了领导；一边又尽力适应老总的工作风格，寻找可能实现目标的方案。可是他提出的解决方案，总是在与老总交流的过程中被否定。经过一段时间观察，小张发现老总由于业务压力，心情一直很差，直接导致了连锁反应。于是他就采取了柔性策略，加强工作外的沟通，经常利用一些轻松的场合找领导聊天，表示对他工作上的理解。另外，他也适当组织一些朋友聚会，尽量邀请一些层次高、职位高的朋友，并邀请老总参与其中。就这样，在小张坚持不懈的努力下，领导与小张的谈话也日渐轻松起来。领导逐渐相信并理解了小张的压力，同时也指出了小张以往工作中存在的不足，同小张一起商量出了解决办法。公司上下同心，以往工作中阻碍业绩发展的因素也渐渐得以解决，最后公司在业绩方面取得了很大的提升。

小张面对工作中领导下发的难题，意识到强制性地拒绝或者找老板理论都是在做无用功。于是他在观察和分析之后，开始另辟蹊径，采取柔性策略加强工作之外的沟通。从这一环节入手，适当地与领导产生互动，建立联系。久而久之，领导与小张之间的交流越来越顺利，并且领导在接纳的同时，也为他指出了一些不足之处。

所以说，柔性策略是与领导之间建立联系和感情最为有效的方法。在我们工作之余，应当学会适当地与老板进行互动和沟通，可以打电话问候，约领导吃饭、喝茶等。适当地与领导进行互动，建立关系，尽可能地表现出我们的理解和尊重。长此以往，这些工作之外的沟通会逐渐在我们和领导之间建立起信赖和联系，也有利于我们工作的进一步发展。

引导提问，让对方说出真心话

在职场沟通中，可能由于工作任务繁忙，上下级之间沟通时会习惯性地保证言简意赅，导致交流无法进一步展开。因此，许多沟通往往停留在表面，员工没有表达出自己真实的看法，领导也得不到有效的解决方案，在很大程度上影响了工作的效率，同时对公司之间相互协作性的提升也带来了一定的制约。

面对这一情况，作为领导需要改变以往一问一答的沟通方式，在此基础上建立起新的沟通模式：通过引导提问，步步推进，深入话题。这种沟通模式，一方面能够在沟通中挖掘对方的心里话，获取我们想要得到的信息；另一方面能够通过不断地提问找到问题和矛盾所在。

那么，领导应该如何更好地向下属引导提问呢？

1. 提出问题，引导员工思考

作为领导者我们需要意识到一点，我们在提出问题的同时，不是为了提问而提问，而是为了引导员工的思考和分析而提问。同时我们提出的问题一定是有意义的、有针对性的、有思考性的。倘若员工一时半会儿回答不上来或者提不出解决方案，我们也不能直接把答案抛给对方，而是应在此基础上进行一定的提示和暗示，激发员工的思考力和想象力。在沟通过程中一定要保持足够的耐心，才能得出心中想要的答案和方法。

当一位下属走进你的办公室寻求帮助，原因是她未能按计划完成公司新产品的发布。所有的后期制作已经完成，并且产品的审核测试也通过了，可唯独公司负责事务的总经理还没最后批准。时间一拖再拖，不管做了多少努力，说了多少好话，可她就是得不到那位总经理对项目的重视。作为她的直接领导，你该怎么做呢？

如果你的第一反应是直接给她提供一个解决方案，那么，请你再慎重考虑一下。为员工的问题提供答案，可能是解决问题最便捷的方法。但是，这么做的长期损失大过短期收益。你采用这种权宜之计，不仅会阻碍下属的发展，还会让你错失一些不错的新的想法。此外，还会给作为领导的你在今后的工作中增加过多的负担。

所以说，在面对某个员工存在的问题时，我们可以以一种更能产生价值的方式做出回应，那就是通过提出正确的问题，引导员工自行找到最佳解决方案。当然，并不是随便提出什么问题都可以，而是应提出一些能激发他人进行有意义的思考、能拓展员工视野并且能让他们对公司带来更多价值的问题。

2. 针对答案，引导员工说出意见

事实上，针对答案，引导员工说出意见的过程仍旧是进行引导提问的过程。答案是下一个问题的推进，也是引导员工说出实质性意见的必经之道。

此外，在员工仔细思考我们提出的问题并且给出答案的时候，我们也需要针对员工的答案进行仔细分析，思考答案是否正确。

通常情况下，这样的引导提问往往以"是什么""为什么""如何做"或者"你觉得怎么样"这种形式来进行提问，先是为员工搭建出思考的框架，然后根据员工给出的回答逐步推进，而逐步推进的过程就是引导他们思考的过程，当然，只有培养他们在思考的过程中自行探索解决方案的能力，才能指导他们在工作中取得进展。

同样的，作为员工也应该学会引导提问，来获取领导的真实想法。在职场中我们也难免会遇到一些找不到工作头绪的领导。那么这个时候员工也要发挥引导提问的作用，因为如果你不询问清楚领导对于工作的要求，很有可能在一定程度上影响工作效率，也会影响最终的工作质量。因此，当我们在与这种类型的领导沟通的过程中，应尽量采取提问的方式，逐步推进，把工作的要求问清楚，把具体细节问详细，了解最终的目的，这样才能准确推进下一步工作。

含蓄、幽默、简洁、生动

含蓄、幽默、简洁、生动，是沟通的最佳境界。同样的，有效沟通也一定是建立在两个人含蓄、幽默、简洁、生动的表达基础之上。含蓄的表达在一定程度上表现出了尊重对方的态度，避免了引发尖锐的矛盾分歧；幽默的表达通常可以增加趣味性，进一步推进沟通的进行；而简洁明了地沟通则直观地表达了自己的观点，让对方能够快速地理解并回应我们；生动的交流一定是引人入胜、富有想象力的，形象的表达不仅能够全面完整地阐述自己的观点，同时也能增加沟通的趣味性。

不过在我们日常沟通中很容易忽略这些表达技巧，尤其是在职场这种相对正式的场合中，我们经常习惯性地用自己的表达方式与他人进行沟通。

实际上，无论是面对领导还是面对同事，我们在表达自己思想时，都要讲究含蓄、幽默、简洁、生动。

1. 含蓄

含蓄原意是表达委婉，耐人寻味，也有包含、容纳之意。大多数人都认为含蓄较多出现在女性角色当中，实际上含蓄适用于所有人。在沟通中，含蓄不仅表现出一个人的高雅和修养，同时也起到了避免分歧、说明观点、不伤感情的作用。它是在尊重对方观点的情况下，进行委婉地表达，使得双方的沟通建立在和谐友好的基础之上。

2. 幽默

幽默是语言的调味品，人人都知道幽默的好处，它不仅会令彼此的交谈变得格外有趣，也会给人营造出轻松愉快的场景氛围。幽默是一种魅力的象征，也是一种能力的体现。幽默能使人快乐，在职场沟通中，懂得幽默的人往往比不懂幽默的人更具有吸引力和凝聚力。

小李是一位公司职员，虽然年纪不大，但是头发所剩无几。当公司同事调侃他"理发不用花钱，洗头不用热水"时，他当时就变了脸，使原本轻松的环境一下子变得尴尬起来。可是公司的老总同样也是秃顶，开会时却经常拿自己的秃头开玩笑："一位朋友说我聪明透顶，我含笑回答'你太小看我了，我早就聪明绝顶了'"。一句话引得大家哈哈大笑，会场气氛顿时活跃起来。老总对自己的缺点从来不去遮掩，反而每次都采用幽默、豁达的方式表现出来，不仅表现了自己的乐观态度，也拉近了与员工之间的距离，活跃了大家的工作气氛。

同样是秃顶，同样受到了别人的嘲讽。为什么不同的人表现的却是不同的反应？其中的缘故就在于当事人是否具有幽默感。

幽默是缩短人与人之间心灵距离最有效的方式。凡是拥有幽默感的人，所到之处皆是一片欢乐的气氛。在面对一些无法避免的冲突之中，那些幽默感不强的人就面临考验。而那些幽默者即便是在针锋相对的沟通之中仍然能够保持平静，以机智、有趣的话语轻松化解紧张局面，最终给人们带来轻松愉悦之感。

3. 简洁

在职场沟通中，简洁的沟通通常有利于工作的顺畅进行，能让对方快速清晰地捕捉到我们观点中的关键之处和可取之处。简洁的对话在一定程度上又具有通俗易懂的特点，正如现在大家口中所说的："人与人之间的相处就应该简单一些，少一点套路，多一点真诚。"

4. 生动

在沟通中，生动的交流一般是建立在生动的话语和灵活的表情上。我们在和对方描述一幅画面的时候应该尽量在语言得当、语气适中的情况下，辅之以生动灵活的表情，不仅起到生动有趣的作用，同时也具有渲染画面增强沟通效果的作用。除此之外，善于利用生动的交流者，一般适合讲故事，每个人都喜欢听故事，这种沟通者在一定程度上有着较强的吸引力。

总而言之，含蓄、幽默、简洁、生动，它们都是沟通过程中的技巧和法宝，对沟通都有着强大的推动和加强作用。它们既可以使我们的沟通更加吸引人心，推动沟通的顺利进行；又可以加强我们的人际关系，让我们的沟通更加和谐愉悦。

建设性对话，不发牢骚

研究表明，人们长期处于情绪压力之下，会对大脑中掌管记忆和学习的区域造成不可逆的伤害。身处职场，我们会经常遇到爱发牢骚的员工，他们在发牢骚的同时，也干扰了周围的人，使职场气氛变得紧张、压抑，还让其他人承受了额外的压力。

实际上，职场中承受压力在所难免，老板的严格要求也同样在情理之中。但是面对这种境况，与其一味地抱怨和发牢骚，不如多提一些建议和想法。转变心态，面对同事和老板的不满之处，我们可以平静地与他们进行沟通，多一些建设性的对话。当我们发牢骚少了，建设性意见多了，彼此的沟通也就越来越有效了。

那什么是建设性对话呢？一般来说，所谓的建设性对话至少包括两个方面含义：

第一，需要具有创新意识的，别人没有提出过或很少提出的，或者在别人提出的基础之上做了一些改进，从别的方面提出意见和建议。

第二，如果是提出意见，需要提出一些可行性的建议，而不是一味地指责抱怨，说一些毫无意义的话。

那么，如何进行建设性对话？

1. 尊重差异，避免情绪化

在职场沟通中，我们应该认识到人与人之间性格、教育背景、文化程度各个方面的差异性，尤其是上下级之间看待事情的差异性较为显著。当我们在和领导进行沟通的过程中，因为一些意见和观点上的不同而存在分歧的时候，我们应该尽量避免情绪化、避免发牢骚，而是应该在换位思考，尊重对方意见的前提下，提出自己的想法和建议。同样地，与同事交流也应该充分尊重对方的观点，即便存在严重分歧，也应当保持冷静客观的态度，避免情绪化，从而减少无谓的冲突，有效地与上下级之间进行交流。

2. 适当表达，补充说明

当我们与对方交流问题的时候，难免会发现对方观点的不足之处。这时候我们不要急着打断对方，而是应该等待对方表达完毕，在此基础上适当地进行补充说明。

陈洋是公司这两年来招聘的较为优秀的毕业生。他出身名校，并且有着丰富的课外实践经历，毕业后直接进入了公司的核心部门。在众人眼里，小杨的起点很高。

有一次，一位教授来公司访问，并向大家介绍业内前沿的进展和研究课题。公司上下对于教授此次的访问非常重视，特别安排了所有技术员及领导前往现场听教授的讲座。

看到讲座的题目后，陈洋很激动，心想："这和我研究生时的课题相关度很大啊！这是个在领导面前表现的好机会。"于是，教授的讲座刚进行到一小半，陈洋就突然站起来，大声提问："老师，您讲的这些进展都没有真正地解决困扰本领域的主要问题啊，底层特征和上层语意的鸿沟，您觉得该怎样打破呢？"

教授看了一眼陈洋，笑眯眯地说："这个小伙子提的问题不错，这个鸿沟到目前为止很难打破，但是大学和业内公司都努力在某些细分领域做到最好……"教授的话说到一半，陈洋又跳起来，像机关枪一样快速地说："根据……我觉得你表达的有所遗漏。"

教授耐心听完他的长篇大论，和蔼地回答道："你研究得挺深入啊……"教授一句话把陈洋"夸"得更有些飘飘然了，他又试图跳出来挑战一下权威："教授……"这时坐在最前面的领导站起来说："我们作为公司来讲，更多的是要研究能解决的问题。好了，我们先听教授讲完。"领导简短的一句话，像一记闷棍直接把陈洋打蒙了。后面的讲座内容，陈洋再也没有心思听下去，只记得会后领导走出去时狠狠地瞪了他一眼。

陈洋没有把握表达的分寸，整个讲座期间，三番五次地打断教授的讲话进行补充说明。虽然他的观点也有可取之处，但是在场的人都认为他不懂沟通礼仪，出尽了风头。在职场中，新人提出一些建设性问题，本是有能力的象征。但是不懂沟通礼仪，不懂得适当表达，不仅抢了领导的风头，也会导致对方忽略你的建设性意见。

3.灵活对话，有所创新

在职场沟通中，领导经常会说："就这个项目，你来谈一下想法。"这时候我们需要慎重考虑，而不是信口开河。我们应该在一些基本性的建议之上提出一些富有新颖性、创新性的意见，不要说出一些没有实际意义，并且不具备可取之处的建议。毕竟沟通是为了通过双方的讨论来解决实际问题，而且领导也没有时间把精力耽误在一些无聊而多余的交流上面。

总而言之，在职场沟通中我们应该懂得灵活交流。根据对话情景，发散创新思维，提出一些他人没有提到的观点、一些有挖掘性的意见，并且时刻本着解决实际问题的宗旨进行交流。这样才会更有利于与领导进行有效沟通，才能促进工作的深层推进。

有分寸地夸奖和赞美

美国《幸福》杂志旗下的研究会研究结果表明，人际关系的顺畅是事业成功的关键因素，而赞美别人是处世交际的关键课程。赞美不仅能给我们带来更优质的人际关系，也能为我们获取更多的事业上的帮助。

从某种意义上来说，赞美是人际沟通中最有魅力的部分，爱听赞美是每个人的天性，每个人都有一种希望得到尊重的心理期待，希望自己的行为和想法能够得到他人的肯定。然而在人际沟通中，并不是所有的赞赏都是有效的，如何赞美和夸奖是一门做人的艺术，需要讲究分寸和技巧。

那么在职场沟通中如何有分寸地夸奖和赞美他人呢？

1. 赞美他人必须真诚、发自内心

在职场中，我们会经常碰到一些爱"拍马屁"的同事，他们经常张口就夸，不分场合、时间。这种赞美显然是一种客套，不够真诚，让人听起来总觉得浑身不自在。还有一些言不由衷的赞美不但起不到取悦他人的效果，而且会给对方留下虚伪、不靠谱的印象。

那些真诚的、发自内心的赞美不仅能让我们快速赢得他人的好感，也可以化解对方心理的疑虑、尴尬等。当然，真诚的、发自内心的赞美不仅限于甜言蜜语，更重要的是根据对方的心理需求和事实情况进行合理而富有情感的赞美。

2. 赞美他人应该有独到之处

赞美不仅限于恭维性的话语，更重要的是根据对方的个人性格、年龄、文化修养、心理需求、所处位置以及个人经历等不同因素进行恰如其分的夸奖和赞美。

有独到之处的赞美，更能够让人坦然接受，因为这种赞美能够站在理解和尊重对方个人特点的基础之上，恰如其分地赞美对方的特点。这显然符合他的内心需求，符合他的个人特点。

比如，面对两个文化差异较大的沟通者，想要表述他们因为才能过人而遭人妒忌。应该如何进行赞美？

如果对方是知识分子："'所谓木秀于林，风必摧之；堆高于岸，流必湍之；

行高于人，众必非之。'就是因为你学历水平、文化程度较高，比他人优秀，所以才会有人在背后议论你的是非。实际上，他们都在羡慕你的优秀和才华。"

如果对方是普通人："你虽然没有多高的学历，但是老板看重你的能力和干劲。那些嚼舌根的人说你没文化，他们才是真正的没文化。他们是吃不到葡萄，还说葡萄酸，分明是嫉妒你的才能。"

除了每个人的文化背景存在差异之外，我们还要考虑一些其他因素。例如对方个性活泼，多多赞美他，他应该会很自然地接受。但是如果对方个性比较内向、敏感、严肃，这时候我们过多的赞美可能就会起到适得其反的作用。

3. 赞美他人要找准时机、察言观色

有时候，夸赞别人也讲究"天时地利人和"，好的夸赞一定是在恰当的时机、恰当的场景之下进行得当的表达。比如，在对方刚显现出她好身材的一面时，你就可以抓住这个时机进行夸赞，这不仅会让对方心情愉悦，对方也会认为你的夸赞是真诚的。再比如，当他人生气或者是脆弱时，进行赞美显然是不可取的，甚至会让对方觉得你在讲风凉话、落井下石。

总之，赞美要找准时机，在恰当的时机、恰当的场景中有分寸地进行赞美。并且在沟通的过程中学会察言观色，根据对方的现实状况与心理需求来迎合对方的心理。毕竟稍有疏忽，夸赞就有可能变为嘲讽。

对上对下，都要注意态度

在职场交往中，不管处于什么位置，不管是对待上级还是对待下级，我们在沟通过程中都要注意自己的态度和行为举止。态度往往决定了领导者在所有员工心目中的地位，态度也在一定程度上决定了员工在工作中的表现。

1. 和上级沟通的态度

首先，坦诚接受批评，接受领导安排。

在工作中，我们难免会被领导指责与批评。有的人对批评言听计从，有的人毅然反抗。不管怎样，突然受到来自上级的批评与训斥，一般人心里都会受到很大的影响。但是面对领导的批评，我们首先应该端正自己的态度，不要对领导的批评表现出逆反心理，因为你的"不服气"不仅改变不了任何局面，反而会让领导产生不好的印象。

即便领导在批评的过程中夸大了错误或者过于苛刻，我们也不应反复纠缠、争辩，因为这是没有必要的。错了我们就应该坦诚地接受批评，认识到自己的错误，接受领导的安排。辩解的话也应该点到为止，而不是喋喋不休，这样既让领导头疼，也显得自己太过计较个人得失。

其次，不与领导争论，尊重、理解领导。

在与领导沟通的时候，我们最好表现出诚恳的态度。诚恳的态度不但显示了我们对领导的尊重，而且体现了我们认真对待错误，懂得学习。当领导给我们指出错误和不足时，最好不要当众反驳、顶撞领导，而是应该予以理解，表示认同。试着站在领导的角度上体会领导的处境，理解领导的难处。必要时候，主动为领导分忧解难，在其犹豫不决、举棋不定的时候，予以理解和同情，诚恳地做出自己的努力，为领导分担压力，为公司奉献力量。

2. 和下级沟通的态度

维护领导形象，行为、态度有分寸。领导者的形象和态度很重要，它在一定程度上决定了自己在员工心中的位置。一般而言，如果领导拥有亲和、值得信赖的形象，就会得到下属的支持和尊重。反之，领导如果是一个严苛冷峻的形象，不仅得不到下属的支持，甚至可能会因此令下属产生逆反心理。

通常情况下，在办公室里员工自然要和领导打交道，在工作之余，当然也要与员工有所往来。面对这两种不同场合，领导者的态度也要有所不同。

在工作中我们可以针对员工的错误进行客观地指导批评，但是不能太过情绪化，批评时也应该注重分寸，不能伤及员工的自尊，应该冷静客观地指出错误，尽量控制在员工可接受的范围之内，这样既不会显得我们苛刻，也能体现出领导的权威和认真负责的态度。在工作之余，比如，在一些聚会中我们应该以相对放松的姿态面对员工。这时候，领导的讲话可以幽默、活泼一些，与员工之间多进行一些互动，可以做一些小游戏，可以聊一些生活方面的话题，显得自己更有亲和力。

工作之余，领导活跃气氛还是很有必要的。这样不仅利于上下级之间培养感情，也有利于更好地收拢人心。不过，作为领导需要注意的是在活泼、放松之余，心中也需保持分寸感，不能太过随便，这样反而会失去威信，没有权威可言了。

现代管理心理学告诉我们，领导一味地依靠原则来约束下属，收效并不理想。必要时，运用情感手段来拉拢人心，常常会有意想不到的收获。虽然身在职场，但是大家都是讲感情的。如果领导热情而真诚地去感化下属，那么不仅能得到对方的真诚回应，更重要的是能够在员工心里建立起宽宏大量、有情有义的形象。让员工心中生出敬意和尊崇之情。让下属的心与领导的心连在一处，大家才能更好地共事，才能更加和谐地相处。相反，领导如果面对员工整天一副冷峻、威严的面孔，不仅会给员工留下不通情达理的印象，也容易与员工产生隔阂和距离。

俗话说："态度决定一切。"在职场中，无论处于哪个阶层，对上对下都应该注意自己的态度。汇报工作讲究态度，批评员工讲究态度，工作之余的相处也需要讲究态度。总之，只有端正了态度，才能更好地工作，才能更好地处理人际关系。

有分歧时，不妨保留意见

在职场中当我们和他人进行交流的时候经常会存在一些分歧。由于每个人的观点、立场、经验阅历、看待和分析问题的角度和方式各不相同，发生争执是一种正常现象，也是在所难免的事情。

如何正确对待这些分歧？对于一般性的争议、建议我们不妨保留意见。对于别人的看法，如果自己不赞成，或不完全赞成，在表决时出于大局考虑，可不反对，但同时也表明自己不支持这种结论，仍然认为自己的意见是正确的。

那么在分歧面前，如何保留意见呢？

1. 大局出发，工作为重

在一些问题面前，我们经常和他人因为分歧而争执不断、纠缠不休，公说公有理，婆说婆有理。最后僵持不下，没有人愿意妥协。其实出现这种状况，原因在于我们都是站在个人的角度上思考问题，并且过多掺杂个人观点、情绪、意识。这些个人因素在一定程度上导致我们固执地坚持着自己的立场。从而忽略了站在对方的立场或者是站在大局层面上思考、分析。

公司一份机密文件不见了，当你作为管理员，向领导报告之后。领导让大家就这件事情来寻找原因。面对这个问题，开始大家议论纷纷，后来经过一些员工具有说服力的解析，大家一致表明问题的原因出在管理员这里。作为管理机密文件的人员，大家把矛头全部都指向你。这时候，如果你和大家进行激烈争执，坚决表明自己的观点和立场。想必即便再有道理也很难说服大家。何况眼下公司面临紧张状况，并不是计较个人得失的时候。虽然你不同意、不认可大家的意见，但是在问题面前我们不妨保留自己的意见，在表决时，出于大局考虑，不反对也不支持，仍然认为自己的意见是正确的，这就为日后更好地解决问题，留下了余地。这可能是解决分歧问题的较为可取的一种方式。

事实上，在分歧面前除了明显的违法犯罪行为要坚决抵制以外，面对一般性的分歧，我们应该从大局出发，以工作为重。尊重领导，团结同事，求同存异，取长补短，认真执行领导的指示，维护好单位内部的和谐关系。

2. 冷静对待，不闹情绪

职场沟通中也讲究"以和为贵"。情绪在一定程度上会影响我们沟通的质量和结果。

面对一些在所难免的分歧，如果我们情绪化地处理，不仅不利于解决问题，阻碍事情的发展，也会僵化彼此的感情。最后让大家都不开心。因此，面对分歧，我们即便是不认可对方的观点，也需要端正态度。冷静对待一切，不要为此闹情绪，影响工作；也不要闹矛盾，影响团结。首先应该踏实做好自己的本职工作，完成组织交代的任务，然后在此基础之上保留自己的观点。

3. 了解对方，适时沟通

根据对方的性格，选择合适的时间、地点、方式，主动与对方真诚地进行沟通，尽量把矛盾消灭在萌芽状态，保证工作顺利开展。当与领导存在分歧时，如果领导是能够接受不同意见的人，我们可以找领导谈一谈自己的想法和意见；如果领导是坚持己见的人，我们应该保留自己的意见，心里不予以赞同，但是也不反对。当与同事存在分歧时，如果对方是性格开朗的类型，我们可以采用直言建议的方式去阐述自己的观点和意见；如果对方是严肃的性格，这时候我们要么通过委婉的方式或者通过第三方来间接表达自己的看法；要么尊重对方但保留意见，仍然认为自己的意见是正确的。

总而言之，在职场沟通中，无论是处理同上级还是下级之间的分歧，我们都不妨保留意见，顾全大局，以工作为重，也保留自己发表原来的看法、坚持原来的意见的权利。

第九章

与朋友沟通：以信为先

朋友间交往讲究一个"信"字。一切坚固的友谊，无一不是建立在信任的基础之上。如何"以信为先"？首先，信任是相互的，朋友之间相处应该信守承诺。允诺过的事情一定要做到。其次，经常利用开放的方式去沟通，更加有利于建立彼此的信任、升华彼此的友谊。当然在沟通中需注意，与朋友相处关系再好，也应该把握说话的尺度，不能什么都说。如果在沟通中与朋友存在分歧，应该保持求同存异的原则，不能因为微小差异产生分歧和矛盾。最后，诚恳待友是核心。朋友是我们人生路上的陪伴者，我们更应该坦诚相待。真诚而友好地与他们交流，同时，也要耐心地倾听他们的诉说。

────────────────── ※ ※ ──────────────────

朋友之间要遵守承诺

孔子说："人而无信，不知其可也。大车无輗，小车无軏，其何以行之哉？"意思就是人要是失去了信用，不知道还可以做什么。就像大车没有车辕与轭相连接的木销子，小车没有车杠与横木相衔接的销钉，它靠什么行走呢？人无信而不立，出门在外，讲究诚信、遵守诺言是一个人交友的基础。

那么，如何做到遵守承诺呢？

1. 凡事三思而后行

做事三思而后行。同样，说话也需要三思。所谓"古者言之不出，耻躬之逮也"。古人对于说话要求十分谨慎，不轻易说话，更不能随心所欲地说话，因为他们害怕自己说出了话做不到。并且他们认为，说出的话如果做不到就会失信于人，是一件很羞耻的事情。

现实生活中，当我们与朋友相处时，也应该谨记这个道理：三思而后行。

小杨与小雷是很要好的朋友，从高中到大学他们一直在同一所学校。平时两个人之间也是互相帮助，相处得十分亲密。小杨属于那种比较老实安分的孩子，而小雷则相对比较调皮一些，在学校也经常惹是生非。有一次，小雷和某位同学发生了矛盾，由于在学校没有解决好，于是双方约定到校外叫上自己的同伴一决高下。需要找同伴帮忙，小雷自然就想到了自己的好朋友小杨。面对小雷的求助，小杨看到小雷遇到困难十分愿意为朋友分忧解难，于是当场答应了晚上去帮忙。

但是在经过一个下午的冷静思考之后，小杨觉得这件事做得不对，毕竟帮忙打架并不是什么好事情。于是找了个借口推掉了这件事情，也因此给小雷留下了言而无信的印象。

在日常生活中，我们和朋友相处时也会出现类似的问题。那么面对这些状况我们应该怎么做呢？在朋友需要帮助时，我们需要客观思考。除了要考虑这件事情合不合道义、合不合法律之外，我们还需要衡量一下自己是否有能力做到。只有在确保合理合法且自己能做到的情况下才能许下承诺，切勿因为想出风头或者是个人情感方面的影响而轻易许下一些没有把握做到的承诺。

2. 不要出尔反尔

巴尔扎克说："遵守诺言就像保卫你的荣誉一样。"一诺千金，它关乎一个人的荣誉。一个人能否信守承诺，可以直接反映出他身上的品质。

如果我们和朋友之间已经许下了承诺，那就需要做出相应的表示。例如明确的时间、地点，以及我们将对承诺所要做出的一些具体计划。即便是在实现承诺之前出现任何意外和差错，我们都应该诚恳地给对方解释说明，并提出补救措施和计划。而不是出尔反尔，一会儿说这样，一会儿又说那样，不去实现之前的诺言，或者是敷衍、无限期延长兑现诺言的时间。这两种行为都只会丧失你个人的诚信，降低你的人格。

3. 言语和行动一致

很多人习惯性地在开心时或者无意中许下一些承诺，也许他作为当事人并没有放在心上，可是身边的朋友却记在了心里。这种轻易许诺的行为很容易失信。还有一些人，总喜欢随心所欲地说一些虚无缥缈的诺言。比如等我有钱了，带你吃好吃的；等放假了，我们一起去国外旅游吧……久而久之，这些言语和行为上的不一致就会在朋友心中留下不信守诺言的印象，大家会从心底里觉得你是个不靠谱的人。

行为就像是话语的一面镜子，它可以折射出我们是否诚信，是否有责任感，是否有可贵的品质等。在一定程度上决定了我们在朋友心目中的形象。因此，与朋友相处，我们在谨言慎行的同时，说出的每一句话，都需要负责。

用开放的方式去沟通

开放的沟通方式，是指在范围较为广泛、没有约束和限制的基础上，双方进行的自由交流。这种相对自由、任意发挥的交流就是开放式的沟通。一般情况下，它和封闭式的沟通相对应。

利用开放的方式进行沟通，在一定程度上给大家营造了畅所欲言的氛围，鼓励大家积极进行沟通和交流，对于话题的主导者没有制约和限制。每个人都可以根据自身的看法自如表达。在这种沟通方式下，人与人之间能够快速了解对方。对于同龄人、朋友之间的相处，更加适用于这种方式进行沟通。

那么如何利用开放的方式去沟通呢？

1.避免封闭式谈话

所谓封闭式谈话就是只有一方在表达，另一方无法进行表达。就是我们常说的"用说话堵住别人的嘴"，让别人无法继续表达。我们经常会看到一些人"得理不饶人"。很显然这种沟通方式不利于朋友之间的相处与交流。此外，封闭式谈话还包括局限于某一种观点、或者仅限于某一种答案之中，这种条件下的沟通双方容易陷入争执和矛盾，容易使交流受阻，无法进行正常而顺畅的对话。

刚开学时，李梅和张萍被老师随机安排坐在一起，李梅是口齿伶俐、言辞犀利的女孩子。而张萍恰恰和李梅相反，性格比较内敛、不善表达。李梅经常在自习课或者老师不在的时候大声说话。面对同桌的这种行为，张萍心里有些不满，但是又不好意思说出口，只有忍气吞声。有一天，自习课上大家都在安静地看书、写作业，李梅又开始说话。这次，张萍终于忍不住了："你能不能安静点，不要说话啊！"李梅也不开心了："我说话关你什么事啊，老师都没管，轮得到你来管啊！再说了，说话是每个人的权利，我爱怎么说就怎么说。"听到这里，张萍小声嘀咕："无理取闹。"没想到李梅立刻站起来："你刚才骂谁呢？别以为我没听见，有本事大声说出来啊，天天除了在老师面前装老实，我看你也没有什么别的本领……"李梅一副咄咄逼人的样子，呛得张萍再也说不出话来。

在对话中，很显然李梅抓住了对话的主导权，不断地用犀利的话语攻击张萍，使得双方的沟通受阻，最后无法进行正常对话。这种一个人占主导，相对封闭的沟通方式，在一定程度上忽略了另一方内心的真实想法，限制了另一方的自由表达，不仅不利于双方之间的相处，而且会伤害到彼此的感情。

所以说，在与朋友之间的相处中，我们需要建立开放的对话模式。相互尊重、以诚相待，让沟通双方在和谐开放的状态下交流，能够让沟通双方都打开话匣子，平等自由地交流。这样才能更好地表达各自内心的想法，才能够进行自由平等的交流。

2. 面对面交流

在沟通中，最能够建立双方情感的沟通方式就是面对面交流。有效沟通一般包括三个方面：沟通的内容，即文字；沟通的语调和语速，即声音；沟通中的行为姿态，即肢体语言。这三者的比例为文字占7%，声音占48%，行为姿态占45%。很显然，面对面的交流占据了行为姿态和声音两种主要沟通方式，能够更好地与对方进行有效而开放性的交流。

当然，在我们与朋友沟通的过程中也经常使用电子邮件、微信、微博等工具。不过这种沟通方式存在一定的局限性，会经常发生误解、误导的情况，双方容易因此产生误会。甚至在沟通一些复杂事情的时候也有可能导致越帮越忙。

因此，我们与朋友之间的相处应该尽可能地进行面对面交流，通过近距离的接触，我们更容易感受到对方的真诚、坦率，同时也能够畅所欲言，自由地表达各自心中的看法。这样才能建立彼此的信任，从而更好地维系双方的感情。

关系再好也不能什么都说

日常生活中，交流谈心是最平常不过的事情。毕竟这会在一定程度上释放生活的压力，也有利于交谈双方培养感情。然而有时候我们认为与对方的关系好，而采取一些放任的说话方式。殊不知，关系再好也不能什么话都说，放任的说话方式可能会演变成日后麻烦的导火索。

那么哪些说话方式不能随便使用呢？

1.煽动、怂恿

煽动、怂恿的说话方式在生活沟通中比较常见。所谓煽动就是鼓动事情，劝服对方接受或者是坚持自己的观点。这种说话方式如果能够站在较为客观的角度上则不会带来较为严重的后果；但是倘若这种煽动、怂恿是建立在偏执和情绪化的基础上，就很有可能将小的矛盾激化成大的矛盾。也许两个朋友之间只有一点小小的矛盾，经过你的添油加醋、煽风点火，本来很小的事情，最后导致矛盾激化。

有一次，小强和小勇在球场上打篮球时，因为没有按规则发球而产生矛盾。按道理说，等大家明确规则之后，就可以继续打球，并且不会再带来更多的矛盾。但是小林得知这件事情后，便马上找好友小强来询问具体情况。在和小强的交谈中小林一直在说小勇的各种不好，强调小勇是蓄意的，并且还不断地煽动、怂恿小强与小勇解除队友关系。原本小强还没有把这件事情放在心上，但是经过小林一番煽动，小强对小勇产生了不满，他们之间的误会也越积越深，两个人因此针锋相对。面对这一切，好友小林不仅没有劝解之意，还一味地煽动、怂恿对方，自然对这件事情的恶化有着不可推脱的责任。

所以说，关系再好也不要用煽动和怂恿的说话方式沟通。有时候，你的一句怂恿有可能改变了他人原本正确的决定，事情就会向相反的方向发展，到时候后悔都来不及，好朋友也很有可能会在心里怨恨你一辈子。我们可以奉劝他人做事或不做，但不要煽动。

2.露骨、粗俗

所谓露骨，就是指说话不留一点情面，把人的本性和难以启齿的话毫无保留地说出来。这种比较犀利的表达方式，即便在关系好的人面前表达出来，他也不会完全认同，也会对你所表达的内容保持一定的异议，只是出于关系较好，便不与你争辩、计较。但是一旦你们的关系出现裂痕，变得不好的时候，这些话就会给自己留下很多麻烦和隐患。古往今来，历史上有很多人因为露骨的说话方式而被揭老底，最后导致身败名裂。因此，关系再好也不要说太露骨的话，更不能利用这种方式和对方进行心灵上的交流。

粗俗这种说话方式，往往在关系最好的同事和朋友之间表现出来。他们见面时使用粗俗不堪的招呼语，在交流中的言谈举止也是格外的粗俗不堪、口无遮拦。事实上，这些话语的背后，也会多多少少地为你的形象减分。尤其是你们的关系不好，或者因为什么利益关系而产生矛盾时，或者是当你的社会地位提高的时候，你的粗俗就会在一定程度上影响你的前途。所以说无论关系再好，对于那些放纵的粗俗之语也不能张口就来，因为朋友是一辈子的，形象和修养也是一辈子的。

3. 粉饰、虚伪

粉饰一般分为两种：一种属于夸大其词，另一种属于欲盖弥彰。

第一种，夸大其词。面对很简单的一件小事，却挖空心思去粉饰，夸大其作用。这种夸大其词的说话方式，在事情没有搞清楚之前，可以暂时博得大家的信任与关注。但是随着时间的推进，事情的真相终究会展现在我们眼前。那个时候，即便是再好的朋友也开始对你产生一定的怀疑，甚至会因此改变对你的看法。

第二种，欲盖弥彰。指想通过一些虚假的话语来掩盖坏事的真相，结果反而将真相更明显地暴露出来。又或者是极力掩饰自己内心的脆弱，却在举止行动上有所暴露，可能换一个地方又表现出另一个自己。这种欲盖弥彰的沟通方式，如果被关系好的朋友发现或者注意到了，不仅会怀疑我们的诚意，也会把我们平时的一些成熟稳重理解为虚伪。

因此，与朋友交流关系再好也不能什么都说。既不能口无遮拦，也无须刻意隐藏、粉饰。而是应该尊重理解对方，用自然得体的表达方式表现出我们最真实而友好的一面。

非原则的问题，求同存异

高尔基说："最好的朋友是那种不喜欢多说，能与你默默相对而又息息相通的人。"尽管与对方观点相左，但是却仍旧能够在一定程度上达成共鸣。简单来说就是求同存异，这是朋友间相处和交流的最高境界。当然求同存异一般建立在非原则性问题上。

那么如何在与朋友沟通中求同存异呢？

1. "求同存异"不等同"和而不同"

"求同存异"思想并不是对传统"和而不同"思想的简单借用，而是在继承基础上的扬弃，二者之间存在着诸多差别。首先，从字面解释来看，"求同存异"意思是：找出共同点，保留不同意见。"和而不同"的意思是：和睦相处，但不盲从苟同。其次，两者有主动和被动之分。"求同存异"更多体现的是主动性，要求人们充分发挥主观能动性，通过积极沟通、引导从而达成共识。"和而不同"则更多表现的是被动性，主张人们回归到自然而然的和谐状态。最后，两者还有抽象与具体之分。"求同存异"更多表现为一种具体化、实际性的相处交流方式；而"和而不同"更多地表现为一种美好和谐的思想理念，主要强调"共生共荣"的必然性和重要性。由此也可以看出"求同存异"比传统的"和而不同"更加具有现实意义，更加有利于沟通和相处。

2. 心平气和，相互谅解

我们在与朋友沟通中，除了原则性的问题之外，即便是很要好的朋友，也未必每句话都能够说到你的心坎里。对于对方来讲亦是如此。

因此面对这种不可避免的情况，我们只有心平气和，相互谅解，才能够更好地与对方进行沟通。学会心平气和，我们需要把自己的想法暂且放在一边，静静地思考别人的建议，权衡一下各方观点的利弊。

张亮与李宁都是班级里面的尖子生。在数学课堂上，他们经常会被老师提问，比如他们是否对某个问题有别的思路和见解。两个人每次都能想出独特的方法，但是让老师头疼的是，他们双方一味地沉浸在自己的解题思路中，非但不尝试使用对方的思路，反而一味地反驳对方的方法太过复杂，太过烦琐，没有可取性。两个人很难在交流中达成一致，所以每次课上、课下两人的沟通都充满着火药味。事实上，站在老师的角度，虽然两个人的方法都存在不足之处，但同样都具有可取之处，如果他们能够心平气和相互理解，尝试着接受对方的思路，那么按照"一加一大于二"的理念，两个人都能有所收获。

张亮与李宁在学习交流中，常常因为各执己见，不能够转变角度来接受或者是理解对方，而导致整个对话都充满火药味。倘若两个人能够客观地认识到自己的不足，并且能够放下自己的固执，沉着冷静地分析他人的意见，那么将会收获意想不到的惊喜。

俗话说，当一个人头脑中充满着自己的思想的时候，想要接受别人的意见，那是不可能的。所以，我们只有试着放下自己的观点，才能够心平气和地接受对方的观点，并且认同其可取之处。我们都必须相互谅解、尊重对方的不同意见。我们需要沉着地思考，平静地与对方分析，保有平和的心态。只有这样，我们才能够坦然接受他人的建议。

3. 尊重差异，宽容对待

一般而言，宽容表现为对非原则问题不斤斤计较，能够宽以待人，求同存异。它与包容有相同之处，但同时又有区别。包容指的是心态的接纳，而宽容指的是我们在行为和话语上的理解和尊重。所以说在与朋友相处过程中，我们可以保持内心的不同意见，但是同时需要尊重对方观点上的差异，需要宽容对待，充分理解对方。此外，宽容在一定程度上表现了我们的真诚与大度，这样的胸怀自然可以容纳和理解不同意见，自然能够与朋友之间沟通相处得更为融洽。

诚然，在众多的事情中，我们或许都会有自己的理解与意见，这也是在所难免的。作为朋友，有时候小吵小闹不仅能增进彼此的了解，甚至还能够有效地促进彼此友谊的升华。但是，倘若每一次交流都保持不同的意见，为了一件小事都会争得面红耳赤。这样不但很难维持彼此的和谐关系，再好的友情也难以保证不变质。

所以说，对于朋友之间的相处除了原则性问题之外，任何事情都应该坚持"求同存异"，沉着地思考，全面地思考问题。有的时候，放下自己的思想，站在别人的角度思考，可能会带来意想不到的收获。

诚恳待人，忌说空话大话

西塞罗说："世界未有比真诚待人更为可贵的。"事实的确如此，真诚是各个时代永恒的做人准则，也是人们为人处世的根本。每个人只有诚恳地对待别人，别人才会真诚待你。

1. 态度真诚，言谈友善

朋友之间的相处有别于其他角色之间的相处。他们在意的并不是对方懂不懂道理，也不看对方有多么睿智的头脑和重要的人生价值，他们在意的是对方有没有真诚的态度和友善的心灵。因为与他们相处的对象是一个能够分享喜怒哀乐的朋友，而不是一个人生导师，或严苛的教育者。

通常情况下我们可以看到那些态度真诚、言谈举止友善的人身边不乏各种朋友。他们用心与别人沟通，善于接纳不同意见。正是这种真诚的态度博得了更多人的好感，让人想要接近，并且愿意与之相处。

同样地，当我们态度真诚、言谈友善，也会换来对方的坦诚相待。这样的相处才是和谐、融洽的。

2. 知之为知之，不知为不知

所谓"知之为知之，不知为不知"，知道就是知道，不知道就是不知道。生活中面临的难题以及遇到的事情纷繁各异，对于这些问题的答案我们很难一一知晓。但是一些人往往碍于面子、虚荣心，假装自己知晓，假装自己是明白人。可事实上，即便我们勉强应付那些不懂装懂，在长久的相处之中也不免会暴露，会因此给朋友留下虚伪、不诚恳的印象。

王英是大家眼中的话痨，不管是什么样的场合，有了她气氛都能活跃起来。通常情况下，这种活泼大方的女生应该会交到不少知心朋友。但是王英却没有交到真心的姐妹和坦诚的兄弟。主要原因就是王英只要一听见朋友们有什么风吹草动，准要去凑个热闹："这个我知道，我知道。"每次都把风头出尽，借此向大家展示出她厉害的一面。可是在实际问题中，她的那些小精明、小把戏，根本就派不上用场。

久而久之大家就发现，王英只是一个不懂装懂的"菜鸟"。她这种不真实、不坦诚的行为，自然得不到朋友的认同和信任。

王英活泼的性格本是好事，有利于朋友间的感情建立。但是，活泼大方的背后，她却很难坦诚面对未知或不懂的东西。总是假装自己无事不知，这种不真诚的方式也许可以欺骗一时，但是长此以往，就会暴露出自己的无知与虚伪，很难与他人真诚而友好的交流相处。

因此，当朋友遇到难题来向我们求助时；当大家都知道某个概念或者知晓某件事情，唯独自己不懂时，我们应该遵从自己的内心，明确自己的态度，知道就是知道，不知道就是不知道，不对朋友遮掩、隐瞒什么。学会坦然接纳自己，勇敢地说出自己的想法，即便有些丢人，即便是可以侥幸隐瞒的，我们也要勇敢的、真诚地表达出来。因为只有当我们说出来，才能证明我们真诚而果敢，才能得到他人的支持与认可。

3. 说到做到，不放空炮

生活中，很多人都容易犯一个错误：那就是都喜欢轻易许诺，却很少去履行诺言。事实上，诚恳待人最关键的一点就是不说空话、大话，说到做到，言而有信。这也就是为什么很多人态度友善地与他人相处，却得不到他人的信任与真诚对待的原因。有时候，我们无意间说了一句空话、大话，可能自己没有放在心上，但是记在了对方的心里。倘若结果兑现了，自然会获得对方的认同；但是倘若没有实现，容易影响到双方之间和谐相处。

所以说，我们在做一件事情之前，应该先确定自己是否有能力去履行承诺，正确评判事情的结果。一旦答应了他人，就要说到做到，不放空炮。而不是口无遮拦地允诺，满嘴空话、大话，这样最后不仅会伤害彼此的感情，也会损失自己的诚信。

放下身段，不要太讲面子

"面子文化"源远流长，在传统观念里，脸就是一个人的面子。人们特别爱面子，甚至有人认为面子比任何东西都重要，就像俗话说的"人争一口气，佛争一炷香"。

当今社会，绝大多数人仍然看重"面子文化"。你或许会觉得子女考取一所名牌大学是为了让父母有面子；谋个一官半职是给自己的家族挣了面子；与有势力的家庭联姻会增添自家的面子；买奢侈品是给自己买回面子。你以为满足了这种愿望，就能扬眉吐气。

然而，这种生活是不是把你压得喘不过气？是不是没有它，你反倒更加轻松自在？答案是必然的。李嘉诚说："当你放下面子赚钱的时候，说明你已经懂事了。"同样地，当你放下面子去做某件事情的时候，你会觉得这件事情并没有想象中那么艰难、复杂；当你放下面子与朋友沟通的时候，你也会发现一瞬间的放下换来的是精神上的释怀与友谊上的收获。

1. 平衡心态

绝大多数人好面子都是由于心理上的不平衡导致的。俗话说："死要面子，活受罪。"生活中很多人都有这种心态，宁愿委屈自己，都必须坚持自己固有的原则和所谓的面子。尤其是在同龄人、朋友之间，这种好面子的现象更为明显。事实上这一切都是自尊心在作怪。而自尊心又是一个需要拿捏得当的心态。有时候，没有自尊心的人看起来可怜；但是过于看重自尊心的人就会变得可怕。因为自尊心能够督促人上进，也能够把人推向偏执、极端的另一面。

除此之外，心态的不平衡还源于我们太在意他人的眼光，在意他人怎么看。有时候我们会看别人的脸色，或者是给自己营造出他人审视自己行为的假象，最后导致自己做着讨好别人、委屈自己的事情。

所以说，平衡心态很重要，我们不仅需要拿捏好自尊心的分寸，同时也要心平气和地倾听自己内心的声音，而不是被别人牵着鼻子走。

2. 认识自我

人最难得的就是认识自我、了解自我。做到这两者后才能驾驭自我。很多人之所以好面子，放不下身段，主要原因就是他活在自我描绘的假象之中。他认为自己应该是完美的，因此在现实生活中，很难放下心中的包袱。正如我们常说的："这个人偶像包袱好重。"实际上这个"包袱"指的就是面子、自尊、身段。

一位朋友考上名牌大学之后，依然认真学习，深得老师和同学的认可，所有人都认为他将来肯定会大有作为。如人们预测的一样，他确实取得了很大的成就，但是和人们想象中不一样的是，他并没有进入大企业，而是靠摆小摊起家。这位朋友大学毕业后，开始独立创业。后来听说学校附近有一个小店要转租，就跟人借钱把它租了下来。因为他很擅长做饭，而且会做一手地道的家乡菜，就自己当老板，开了一家快餐店。因为他的店服务态度好、手艺好、价格公道，所以生意非常火爆。现在他开的还是快餐店，不过他不用亲自动手了，已经有了几家连锁店，同时还做别的生意，成了远近闻名的人物。别人问他："明明可以靠才华，为什么偏偏选择了这条路？"朋友说："放下面子，路会越走越宽。"时至今日，他对自己的"所用非所学"也从未产生过怀疑，更没有认为自己是大材小用，这也是他能获得成功的重要原因之一。

朋友虽然就读于名牌大学，但是仍然愿意认识自我，遵从自己的内心，愿意放下他人的偏见和自己的身段去摆摊创业，经营自己的小生意。最终以不同的形式获得了成功。

正所谓"英雄不问出处"。成功不分职业、不分高低贵贱。每个人都需要充分地认识自己、接受自己、改变自己。有时候放下身段，路才能越走越远、越走越宽。

3. 从大局出发

从大局出发的人，一般是较为客观、理智的，他们把个人得失看得很轻，眼光长远；识大体，顾大局；愿意牺牲小我，成全大局。朋友之间的相处就需要这种海纳百川的肚量和心态。

生活中，当朋友之间产生矛盾的时候，很多人在意颜面，舍不下面子，所以即便是有错也不愿意低头；还有些人就是因为好面子，不愿意原谅对方。这都是过于狭隘，过于计较个人得失造成的。事实上，面对这一系列的面子问题，我们都应该降低姿态，从大局出发，把目光放长远一些。有时候，朋友之间相处时，太过计较个人得失反而不利于双方感情的培养。只有双方都愿意放下自己的面子，愿意真诚地与朋友相处交流，友谊才能够细水长流。

讲究灵活性，不要认死理

著名教育家黄炎培在送儿子的座右铭中有这样的话："和若春风，肃若秋霜，取象于钱，外圆内方。"他认为"和若春风"就是"圆"，即做人做事讲究灵活技巧，既不超人前也不落人后，或者该前则前，该后则后，能够认清时势，使自己进退自如、游刃有余；"肃若秋霜"就是"方"，即做事要严谨踏实，有自己的主张和原则，不被他人左右；"取象于钱"，则是以古代铜钱作比喻，启发人们要把"外圆"与"内方"有机地统一起来。

变则通，通则活。灵活是为人处世中需要的一大准则。懂得变通之人，在做事方面心灵手巧、得心应手。在与人相处方面，八面玲珑、滴水不漏。总之，拥有灵活应用的智慧，往往会取得事半功倍的效果。

1. 放下固执，懂得变通

在日常生活中我们身边总会存在一些固执己见、认死理的朋友和亲人。当遇到复杂的事情时，"一条路走到黑""不撞南墙不回头"；当与朋友产生矛盾和沟通分歧时，"一根筋"，很难与别人说到一起；当工作中出现问题时，一味地固执己见，一味地死扛到底。

事实上，如果适当地放下固执，懂得变通，那么结果将会不一样。当我们遇到复杂的事情时，懂得灵活变通，不是"一条路走到黑"，这样才有利于问题的解决；当我们与朋友相处过程中产生矛盾和分歧时，只要放下固执，懂得变通，不仅可以缓解彼此的矛盾，有效地解决分歧，还能加深彼此的友谊，甚至对手也能变为朋友；当工作中出现问题时，我们更应该学会变通，改变自己的思路和态度，这样不仅能与同事和朋友之间更好地合作，同时也能够提高工作效率。

2. 调整状态，相机而动

所谓"相机而动"就是观察寻找恰当的机会，立刻行动。这也是灵活变通的重要表现之一。世界纷繁复杂，面对不同的人、不同的事情、不同的场合，我们要用不同的方式对待。倘若你做人恪守死理，不懂得见机行事，灵活驾驭，那么很有可能错过时机，在困难面前寸步难行。反之，如果你懂得见机行事，懂得根据具体场合来调整自我的状态。灵活处理困难问题，那么阻力也会变成前进的动力。懂得相机而动的人能够充分认识到如何把握机会，并会及时抓住机会，采取行动。

所以说，灵活的智慧在于它能够时刻根据场合来调整状态，它既是洞察力和行动力两者的完美结合，又是抓住时机和解决问题的有力武器。

3.方法不当，多换角度

变通讲究灵活，它不仅仅是从一个角度看问题，而是时常变换角度，通过多个角度的洞察来找到合理的解决办法。

与朋友相处需要多换角度。每个人都是独立而特殊的个体，因而相处之道也并非只有一种。当我们和朋友之间沟通出现障碍时，我们应该尽可能地转变角度，利用换位思考来客观正确地看待问题。那么解决矛盾的时候，相应地就不会显得棘手。

做事情也需要多换角度。在实际工作中，很多事物的发展都不是一条直线。懂得灵活变通之人能看到其中的曲直，并能不失时机地把握事物发展的规律，通过迂回应变，达到既定的目标。反之，一个不善于变通的人，只会四处碰壁，被撞得头破血流。

有一种鱼叫马嘉鱼，长得十分漂亮，燕尾、银肤、大眼睛，通常生活在深海中。春夏之交溯流产卵，它们会随着海潮漂游到浅海。当地的渔民们捕捉马嘉鱼十分容易。他们用一个粗疏的竹帘，下端系上铁块，放入水中，然后由两只小艇拖着，来拦截鱼群。因为马嘉鱼的生性好强，不爱转弯，即使闯入竹帘中也不会停止。所以一只只马嘉鱼接踵而至地陷入竹帘孔之中，竹帘缩得越紧，马嘉鱼越愤怒，它们更加拼命往前冲，结果就会被牢牢卡死，成为渔民们的猎物。

马嘉鱼之所以这么容易被捕获，是因为它们生性固执，不懂灵活逃脱，"认准一条路走到黑"。而渔民们正是利用了马嘉鱼的特点，深知它们不懂灵活变通，不爱转弯，一味地奔赴向前，所以成功地捕获了它们。

同样地，当我们遇到复杂的人际关系，遇到复杂的事情时，不能固执己见，不能认死理，而是要学会灵活变通，学会转换角度，相机而动。有效地发挥自身的洞察力和行动力，在此基础上灵活转变，那么无论是人际关系中的相处还是工作中的疑难问题，都会变得容易克服。

好好说话，好好听话

有效沟通的方法和技巧层出不穷，但追其根本可精简浓缩为八个字"好好说话，好好听话"。当然，说话和听话谁都会，但是如何同他人进行很好的沟通，进而建立良好的人际关系，却未必每个人都能做好。正如赫兹里特所说："谈话的艺术是听和被听的艺术。"其中"被听"指的就是好好说话。有效的沟通一定是"听"与"说"的完美结合，是两者在共同配合中相得益彰的效果。

1. 好好说话

石油大王洛克菲勒说："假如人际沟通能力也是同糖或咖啡一样的商品的话，我愿意付出比太阳底下任何东西都珍贵的价格购买这种能力。"沟通是一种珍贵的能力，这种能力可以帮助人们实现愿望、得到友谊、获得财富……然而获得这种有效沟通的能力最重要的就是学会"好好说话"，只有把话说好了，才能表达得更好，才会让人有欲望去听。

首先，从说话的态度来看。在人际关系中，一个人的态度、状态、语气，在一定程度上体现了一个人的内在，也决定了人们对他的最初印象，决定了人们是否愿意接受他。态度诚恳、语气谦和的人，往往能够先一步抓住听众的耳朵，让人想要接近。

其次，从表达形式来看。如果我们在阐述自己观点的时候，没有逻辑性，不知所云，这种沟通方式显然是抓不住听众的耳朵、留不住人心的。此外，如果经常使用口头禅或者一些粗俗鄙陋的词语，更会让人产生反感。

最后，从说话的具体行为方式来看。有很多人习惯性地使用自己原本的表达方式同每个人进行交流。殊不知，每个人对于信息的接收、筛选能力都各不相同，如果我们一味地根据自己惯有的行为方式表达，就很难让每个人都坦然接受。比如说，有的人反应慢，而你习惯性说话很快，那么如果想要进行有效交流就必须适当地调整自己的说话方式，尽可能去迎合对方的需求。只有这样才能在最大限度上被聆听、被尊重，最终达成共鸣。

2. 好好听话

好好听话并非是你规规矩矩搬个小板凳坐在那里安静地听。倾听也有讲究，倾听是一门艺术。

从态度上来说，倾听者需要携带一颗真诚的心去聆听，去体会说话者的心情，并且在心底与他产生共鸣，为他寻找对策，为他排忧解难。这种真诚的倾听可以让说话者感受到你的修养，感觉到自身被尊重。同时，用心倾听别人的意见和看法，不但可以增加自己对这件事情的了解，而且赢得真情和信任。

从情感上来说，倾听是连接沟通双方心灵的纽带。当你带着真情去倾听来自朋友的哭诉，你可能会感同身受，理解朋友内心的痛苦与失落。这时候，朋友也会更加信任你，愿意与你分享更多，并认为你是一个值得珍惜的朋友。用心倾听可以让彼此的友谊变得更加深厚。

张雅和陈芳在一次社交活动中有缘结识。起初，张雅经常独来独往，整天郁郁寡欢，好像有心事。陈芳主动找她很多次，可是张雅不愿意与人交流。有一次，陈芳又来找张雅，张雅说："有些心事，我不愿意向你诉说，但是我感谢你的陪伴与关怀。"过了很久，张雅主动找到陈芳："有空吗？我想和你谈谈，可以替我保守秘密吗？"陈芳真诚地点了点头："当然，你说吧，我一定会认真倾听并且为你保守秘密。"原来张雅之所以闷闷不乐是因为不久前家中出现变故，那段日子是她这一生中最灰暗、难过的日子。张雅透露，每次和家人通完电话她都会大哭一场。说到这里，张雅眼角开始有些湿润。陈芳一边递上纸巾，一边拍着张雅的肩膀说："相信我，一切都会好起来。下次有什么事情不要憋在心里，说出来也是一种释放和解压的方式。"张雅看到陈芳如此真诚，并且如此理解、尊重自己，渐渐地，她愿意与陈芳分享心事，因为陈芳认真倾听给她带来了很多温暖，所以她愿意信任与依赖陈芳。

张雅和陈芳之间的友谊就源于陈芳的真情对待和有效倾听。有时候，真诚的倾听换来的是心与心的交流、情与情的联系。倾听在一定程度上缩短了沟通双方心灵上的距离，并且让彼此快速地产生理解和信任，总之，它是建立情感的最佳途径。

从具体行为来看，倾听者还要学会察言观色，把握倾诉者的情绪变化。倾诉者在说话的过程中，会从语言和肢体上不由自主地表露出自己的情感。当他情绪激动的时候，倾听者应该拍拍他的肩膀，稳定他的情绪。在他情绪低落的时候，也可以给他一个安慰的拥抱，说暖心的话来温暖、鼓舞他。除此之外，倾听者还要用自己真诚的眼神与之交流，让说话者感受到真诚，感受到有所依靠。这样才能更好地建立信任感，从而促进人与人之间的和谐沟通。

附录 测试题

第一章 有效沟通从改变自己开始

我们看到的世界相同吗
单选题：
1.一个人对外部世界的看法与反应，受哪些因素影响？（ ）
A.内在因素
B.外在因素
C.内在因素和外在因素
D.不受影响
2."相由心生，境随心转"，在本文中的意思是什么？（ ）
A.一个人做事情的心态，决定它的结果
B.相貌是由人的心情而定
C.好人有好报
D.环境改变一个人的心态
判断题：
每个人眼中的世界不同，"一千个读者心中有一千个哈姆雷特"。（ ）
多选题：
想要看到不一样的世界，需要改变什么？（ ）
A.全新的观点
B.全新的世界
C.全新的思维
D.全新的角度

反躬自问，找回真正的自己
单选题：
1.如何做，我们才能认识真正的自己？（ ）
A.反躬自问
B.请教身边的人
C.多看书、多学习
D.相信自己
2.认识真正的自己，我们需要问几个问题？（ ）
A.一个
B.两个
C.三个
D.四个
判断题：
面对生活中遇到的问题，我们要用反躬自问的方法，多问自己几个"为什么"。（ ）
多选题：
下列选项中，哪些是反躬自问？（ ）
A.这是真的吗？

B.你能肯定那百分之百是真的吗？
C.当有这个想法时，你会有怎样的反应呢？
D.当没有这个想法时，你又会是怎样的呢？

获得反向思考的力量
单选题：
1.什么叫反向思考？（ ）
A.逆向思考
B.反方向思考
C.把脸扭过去思考
D.站在对方的角度思考
2.下列哪一种反向思考的方式更能找到解决问题的方法？（ ）
A.转向自己
B.转向他人
C.转向完全相反的方向
D.把脸转过去思考
判断题：
反向思考能够把复杂的问题简单化，从而使办事效率大大提高。（ ）
多选题：
反向思考有哪几种方式？（ ）
A.转向自己
B.转向他人
C.转向完全相反的方向
D.换个问题

家庭沟通中学会转念想一想
单选题：
1.家长苦口婆心地教育孩子，孩子却不以为然，原因是什么？（ ）
A.孩子出了问题
B.家长出了问题
C.谈话方式出了问题
D.时机不对
2.家庭之所以出现矛盾，是因为下列哪一项导致的？（ ）
A.某一家庭成员做错了事情
B.每个人的生活态度不同
C.家庭沟通出了问题
D.外界环境的影响
3.关于无效沟通，下列哪一项是错误的？（ ）
A.一味地站在自己的角度
B.坚持自己的想法
C.关系不对等
D.年龄不对等
4.发生家庭矛盾，人们之所以痛苦，是因为？（ ）
A.家庭矛盾

B. 问题本身

C. 心情不好

D. 人们对问题的想法

5. 解决家庭矛盾带来的苦恼、痛苦，最好的方式是什么？（ ）

A. 吵一架

B. 反思自己，自我转变

C. 委曲求全，得过且过

D. 怨天尤人

判断题：

世界上最好的教育，是在和家长的谈话中不知不觉地获得的。（ ）

找出潜在信念

单选题：

1. 下列哪一项对潜意识的描述不正确？（ ）

A. 潜意识比意识更大

B. 潜意识能够影响意识

C. 潜意识是一种思想信念

D. 潜意识是一种臆想

2. 潜意识几乎支配人们大多数的行动，下列哪一种行动属于不受潜意识支配？（ ）

A. 习惯

B. 坏毛病

C. 主动做事

D. 被逼着做事

3. 潜意识影响孩子未来的发展，下列家长的哪种行为是不正确的？（ ）

A. 经常鼓励孩子

B. 以身作则，帮助孩子养成良好习惯

C. 多肯定，少否定

D. 多批评

4. 关于正确认识自我，下列哪一项是不正确的？（ ）

A. 多倾听自己心底的声音

B. 承认已经发生的事实和真相

C. 多否定自己

D. 承认潜意识的存在

判断题：

正向潜在信念会激发孩子的成长，反向的潜在信念会限制和阻碍孩子未来的发展。（ ）

多选题：

文章中提到哪几种方法能够帮助我们找到潜在信念？（ ）

A. 正确认识自我

B. 进行自我反向思考

C. 修身养性

D. 多观察、多总结

铭印法则：我是一切的根源

单选题：

1. 下列哪种说法是错误的？（ ）

A. 人的心理，决定他的自我期望

B. 自我期望，决定信念的选择

C. 信念决定行为

D. 结果不受信念影响

2. 家庭出现问题，我们应该怎么做？（ ）

A. 从别的方面找原因

B. 从别人身上找原因

C. 从自身情况找原因

D. 从客观因素找原因

3. 我们作为事物的根源，面对客观事实，想要得到好的结果，下列哪一项做法是错误的？（ ）

A. 听天由命

B. 改变思维方式

C. 积极的态度

D. 树立坚定的信念

4. 决定一件事物结果的因素，下列哪一项是错误的？（ ）

A. 事物起因于自身

B. 行动在于自身

C. 成败结果在于自身

D. 我们虽然是事物的起因，但不是事物的结果

5. 家庭出现问题，哪一种行动不能帮我们找到原因？（ ）

A. 反思自己的错误

B. 及时沟通

C. 肯定对方的优点

D. 找出对方的缺点

判断题：

事物本身并不影响人，人们只受对事物看法的影响。（ ）

多选题：

改变家庭，需要先改变自己。我们应该从哪几个方面改变自己？（ ）

A. 信念

B. 观点

C. 态度

D. 思维方式

一念之转，告别生气的危害

单选题：

1. "体壮曰健，心怡曰康"，对这句话理解正确的一项是？（ ）

A. 身体强壮，才能健康

B. 心情愉悦，才能健康

C. 健康包括身体健康和心理健康

D. 健康的人，身体都强壮

2. 解决生气等消极情绪的最佳方法，下列哪一项是正确的？（　）

A. 心态要放平

B. 努力控制自己的脾气

C. 心态和意念共同作用

D. 找个人发泄一下

3. 生气有很多危害，下列哪一项不属于生气导致的？（　）

A. 皮肤老化、长斑

B. 引起胃溃疡

C. 伤肝、伤肺

D. 消化不良

4. 告别生气的危害可以从三个方式着手，下列哪一项是错误的？（　）

A. 激发自我保护意念

B. 换一个角度看待问题

C. 及时发泄

D. 积极的心态

判断题：

情绪心理虽然会在一定程度上反作用于身体机能，但是不会危害人的身体健康。（　）

多选题：

哪些方式是通过一念之转，告别生气的危害？（　）

A. 激发自我保护意念

B. 换一个角度看待问题

C. 及时发泄

D. 积极的心态

幸福是拥有感恩的心

单选题：

1. 关于幸福，下列哪一项描述最正确？（　）

A. 美满的家庭

B. 乐观的心态

C. 如鱼得水的人生

D. 拥有一颗感恩的心

2. 感恩是一切美好的根源，下列哪一项不是感恩可以得到的？（　）

A. 人与人之间的交往越来越密切

B. 人与人之间的关系越来越好

C. 人与人之间的心理距离越来越近

D. 人与人之间的矛盾越来越大

3. 关于感恩，下列哪一项是错误的？（　）

A. 感恩是自然的真情流露

B. 感恩是一种不求回报的态度

C. 感恩是无怨无悔的付出

D. 感恩需要相应的回报

4. 关于幸福的标准，下列哪一项是正确的？（　）

A. 幸福不在于得到多少，而在于计较多少

B. 幸福就是衣食富足

C. 幸福就是比别人拥有更多的财富

D. 幸福在别人的眼中

判断题：

感恩不仅是行为上的回馈，更是心灵上的给予。（　）

第二章　有效沟通，构建和谐家庭

家庭中的所有问题都可以通过有效沟通解决

单选题：

1. 保持家庭和谐的最基本形式的描述，下列哪一项是正确的？（　）

A. 努力挣钱

B. 相互忍让

C. 有效的交流与谈话

D. 互不干涉

2. 关于"沟通漏斗"，描述错误的一项是？（　）

A. 一个人的想法，只有 80% 能够表达出来

B. 一个人的想法，传达给对方的只有 60%

C. 一个人的想法，到对方执行的时候仅仅有 40%

D. 一个人的想法，可以 100% 传达给对方

3. 下列哪一项描述是错误的？（　）

A. 很多家庭问题表面上看似复杂，其实都是由于长期沟通不畅导致的

B. 有效的沟通能够缓和紧张的家庭关系

C. 解决家庭问题的关键，是要坚持自己，影响他人

D. 忽略对方感受，按照自己的方式解决问题，最终问题会越来越严重

4. 关于有效沟通的应用，下列哪一项是错误的？（　）

A. 建立良好的亲子关系，需要有效沟通

B. 建立夫妻良好感情，需要有效沟通

C. 良好的人际关系，需要有效沟通

D. 和最亲近的人不需要沟通就能够心有灵犀一点通

判断题：

父母教育孩子的最基本的形式就是与孩子谈话。（　）

多选题：

复杂的家庭问题，往往表现在以下哪几个方面？（　）

A. 夫妻矛盾

B. 亲子矛盾

C. 鸡毛蒜皮的小事

D. 近亲之间的矛盾

有效沟通的源泉：100 倍的嘉许

单选题：

1. 根据文中关于人的本性的描述，哪一项是正确的？（ ）

A. 人最深切的渴望就是得到别人的嘉许

B. 人性的根本是自私

C. 人性都是有劣根性的

D. 人性最初都是善良的

2. 关于嘉许的作用，下列错误的一项是？（ ）

A. 人际交往的润滑剂

B. 家庭和睦的调和剂

C. 亲子关系的促进剂

D. 容易滋生骄傲自满

3. 对于家庭来说，嘉许有三大作用。下列哪一项不属于？（ ）

A. 嘉许是人际交往的润滑剂

B. 嘉许是一种说话的智慧

C. 嘉许是解决家庭问题的重要技巧

D. 嘉许是有效沟通的重要动力源泉

4. 关于嘉许需要注意的技巧，下列哪一项是错误的？（ ）

A. 语言、态度真诚

B. 找准时机

C. 符合情理

D. 适当夸张

5. 关于"诚于嘉许，宽于称道"，理解正确的一项是？（ ）

A. 嘉许别人就能得到真正

B. 心宽的人才会道歉

C. 道歉才能得到别人的宽容

D. 夸奖别人，要真心实意

判断题：

无论在人际交往中，还是家庭沟通中，赞美都起着至关重要的作用。（ ）

多选题：

嘉许别人，需要找准时机。这里说的时机包括哪些方面？（ ）

A. 合适的场景

B. 合适的时间

C. 合适的事件

D. 合适的语言

何谓"异化的交流方式"

单选题：

1. 关于"异化的交流方式"，下列哪一项描述是正确的？（ ）

A. 不同的交流方式

B. 差异化的交流方式

C. 异常情绪化的交流方式

D. 忽略对方感受，导致彼此的疏远和伤害的交流方式

2. 以下哪一项不属于"异化的交流方式"？（ ）

A. 以道德标准进行评判

B. 与他人比较

C. 胁迫和勉强

D. 理解和尊重

3. 下列哪一项不属于回避责任的理由？（ ）

A. 莫名的力量驱使

B. 跟风从众

C. 为行为负责

D. 抑制不住的冲动

4. 与他人比较，是一种异化的交流方式。下列哪一项不属于"与他人比较"的范畴？（ ）

A. 别人家的孩子总是最好的

B. 别人家的父母总是最好的

C. 别人家的物品总是最好的

D. 一切都是最好的安排

5. 关于道德标准进行评判的解释，下列哪一项是不正确的？（ ）

A. 用大道理或道德标准来指责、评判他人

B. 用自己的道德标准来指责、评判他人

C. 用社会的道德标准来指责、评判他人

D. 用对方的道德标准来指责、评判他人

判断题：

沟通交流中，道德评判是一切的标准。（ ）

多选题：

异化的交流方式表现有哪些？（ ）

A. 以道德标准进行评判

B. 与他人比较

C. 胁迫和勉强

D. 逃避和推脱责任

家庭沟通的 4 个层次

单选题：

1. 下列哪一项不属于家庭沟通的四个层次？（ ）

A. 一般性交谈

B. 陈述事实

C. 下达命令

D. 分享感受

2. 下列语言，哪一项不属于一般性交谈？（ ）

A. 你好

B. 见到你很高兴

C. 吃饭了吗

D. 孩子，你是不是故意在生妈妈的气

3.下列哪一项不属于陈述事实？（　　）

A.不涉及个人感情

B.不发表个人看法

C.不牵涉个人隐私

D.不给对方说话空间

4.下列语言，哪一项不属于交流看法？（　　）

A.孩子，你是不是故意在生妈妈的气

B.孩子，睡觉时间到了

C.妈妈，这件事情我觉得不可能是爸爸做的，你相信他吗

D.老婆，我们家孩子最近变得沉默寡言，是不是缺少关怀呀

5.下列语言，哪一项不属于分享感受？（　　）

A.如果这次没有取得好成绩，我就完蛋了

B.离开他，我活不了

C.我该怎么办

D.今天见不到他，我一定会难过的

判断题：

分享感受，是家庭沟通的最高层次。（　　）

多选题：

通常情况下，家庭沟通分为哪几种层次？（　　）

A.一般性交谈

B.陈述事实

C.交流看法

D.分享感受

有效沟通：接纳、"我信息"、双赢

单选题：

1.有效沟通的开端是什么？（　　）

A.接纳

B."我信息"

C.双赢

D.恭维

2.下列哪一项属于站在对方角度进行客观的评判和交流？（　　）

A.接纳

B."我信息"

C.双赢

D.恭维

3.下列哪一项是有效沟通的最高境界？（　　）

A.接纳

B."我信息"

C.双赢

D.恭维

4.文中关于"我信息"的语言，哪一项是正确的？（　　）

A.你怎么能这样做

B.你从来不考虑我的感受

C.刚才把妈妈都急哭了

D.你就是一个自私的人

判断题：

有效的沟通一定是通过接纳、"我信息"、双赢三者所产生共同作用得以实现。（　　）

多选题：

有效沟通三要素是什么？（　　）

A.接纳

B."我信息"

C.双赢

D.恭维

信任感的建立：同步、引导

单选题：

1.下列哪一项不属于"同步行为"的范畴？（　　）

A.肢体同步

B.声音同步

C.视觉同步

D.时间同步

2.文中关于引导性沟通，理解正确的一项？（　　）

A.沟通中要占据主动

B.引导别人接受自己的观点

C.通过同步寻找共鸣

D.沟通要一步一步来

3.关于信任感的描述，正确的一项？（　　）

A.沟通中通过同步、引导，彼此产生共鸣

B.一方让另一方相信自己

C.让对方听从指挥

D.一种让别人相信自己的手段

4.关于声音同步，理解正确的一项？（　　）

A.说同样的话

B.接着对方的话说下去

C.同样的音调、音频、音色等

D.说话前重复对方的话

判断题：

认同就是从内心深处认同对方的观点，和对方产生一定的同步和共鸣。（　　）

让沟通充满爱

单选题：

1.文中，什么是教育事业永不言败的最后一道防线？（　　）

A.爱心和童心

B.爱心和耐心

C.童心和耐心

D.童心和关心

2.酒逢知己千杯少,下一句是什么?( )

A.话不投机半句多

B.今朝有酒今早醉

C.千金散尽还复来

D.人生何处不相逢

3.相互理解是有效沟通的前提,下列哪一句表达建立在相互理解的基础上?( )

A.你怎么还不吃饭

B.快点儿吃,要迟到了

C.不想吃饭是不是哪里不舒服

D.饭很难吃吗

4.关于观点鲜明,下列表述正确的一项?( )

A.一边表达爱,一边指责对方

B.恨铁不成钢

C.尽可能表达自身的爱

D.不论错误,只谈爱和付出

判断题:

绝大多数的有效沟通都是建立在爱的基础之上。( )

多选题:

下列哪些技巧能够使人们的沟通充满爱?( )

A.相互理解

B.观点鲜明

C.口吻亲切

D.坚持原则

沟通中,用全身心倾听对方

单选题:

1.全神贯注的倾听能够让沟通继续下去,下列哪一项会给沟通带来障碍?( )

A 我赞同你的观点

B.我尊重你说的每一句话

C.说得好,继续说下去

D.你刚才说什么

2.关于集中精力倾听的肢体语言,下列哪一项描述是正确的?( )

A.身体前倾,注视对方

B.一边听一边玩手机

C.眼神飘忽不定

D.身体后仰

3.关于耐心沉稳的倾听,下列哪一项描述是正确的?( )

A.坐得住,不随便表达观点

B.及时反驳

C.随时纠正

D.随意打断对方

4.适当提问可以促进沟通良好地进行下去,关于适当提问的作用不正确的一项是?( )

A.自己扩充知识、获得收益

B.帮助对方建立高度自信

C.让对方充满存在感

D.转换话题

判断题:

在沟通中,善说能力比善听能力更重要。( )

多选题:

沟通中,如何才能做到全身心倾听?( )

A.集中精力

B.耐心沉稳

C.恰当提问

D.边听边记

家庭沟通中,如何表达愤怒

单选题:

1.关于愤怒的理解,正确的一项是?( )

A.愤怒百害无一利

B.愤怒对人的健康百利无一害

C.愤怒是良好的沟通方式

D.长期愤怒对身体有害

2.下列哪一项不是表达自己愤怒的技巧?( )

A.转移、分散注意力

B.厘清思路

C.及时发泄

D.正确表达感受

3.下列哪一项属于正确表达感受?( )

A.压抑愤怒

B.一味地隐忍

C.强烈爆发

D.表达需要

4.当我们怒火烧身时,该怎么办?( )

A.反问自己、厘清思路

B.压抑愤怒

C.想想美好的事情

D.及时发泄

5.下列关于转移、分散注意力的方法,错误的一项是?( )

A.在心底默念几分钟

B.把头转向窗外进行远眺

C.把怒火转移给对方

D.向身边的人诉说心理感受

判断题:

长期的爆发性的愤怒或者对外部世界持有一种敌对情绪,也会对自身的健康有害。( )

多选题:

家庭沟通中,正确表达自己愤怒的方式有哪些?( )

A.转移、分散注意力

B. 厘清思路

C. 正确表达感受

D. 及时发泄

家庭沟通中，如何表达感激

单选题：

1. 下列哪一项不属于表达不当的语言？（　）

A. 妈，你怎么这么爱瞎操心呢

B. 爸爸，下次不要给我买东西了，我现在不需要

C. 谢谢你的礼物，我非常喜欢

D. 这孩子，天天给我乱买礼物，多浪费钱呐

2. 下列哪一项不能给主动交流创造机会？（　）

A. 一起做家务

B. 一块儿看电视

C. 各玩各的

D. 一起做运动

3. 关于珍惜爱、回馈爱的行为，哪一项是正确的？（　）

A. 对身边的人苛刻

B. 抱着理所当然的态度

C. 及时表达自己的感激

D. 认为对方多管闲事

4. 父母和孩子之间之所以会出现摩擦，原因是什么？（　）

A. 孩子不懂事

B. 父母太严厉

C. 相互不理解

D. 外界因素

判断题：

只有学会爱、学会感激的人，才会懂得珍惜爱、回馈爱，才能获得更多的爱。（　）

多选题：

家庭沟通中，表达感激的方式方法有哪些？（　）

A. 学会理解、体谅

B. 主动交流、用心沟通

C. 转移、分散注意力

D. 合理表达、真情流露

家和万事兴

单选题：

1. 下列哪一项不属于家庭不和谐的不良后果？（　）

A. 家庭纠纷不断

B. 家庭气氛紧张

C. 家人相亲相爱

D. 矛盾愈演愈烈

2. 关于"入则孝"的理解，不正确的一项是？（　）

A. 要孝顺父母

B. 是家庭和谐的基础

C. 进了家门，才能孝顺父母

D. 百善孝为先

3. 关于如何与父母处好关系，理解错误的一项是？（　）

A. 尊敬父母

B. 爱护父母

C. 为父母分忧

D. 尽量少和父母接触

4. 关于处理好与同辈的关系，理解错误的一项是？（　）

A. 相互爱护

B. 斤斤计较

C. 相互支持

D. 友好相处

判断题：

想要构建和谐社会，首先要有和谐的家庭作基础。（　）

多选题：

想要做到家庭和谐，需要从哪几个方面入手？（　）

A. 处理好与父母的关系

B. 处理好与同辈的关系

C. 处理好与子女的关系

D. 处理好与朋友的关系

第三章　转变心态，让沟通更愉悦

接纳：尊重、理解沟通对象

单选题：

1. 良好的沟通，建立在尊重的基础上。下列哪一项行为没有表现出尊重？（　）

A. 认真仔细的倾听

B. 及时给予肯定

C. 刻意奉承

D. 态度诚恳

2. 文中对"水至清则无鱼，人至察则无徒"的理解，正确的一项是？（　）

A 对别人太苛刻，就没有伙伴

B. 遇事得过且过

C. 无为而治

D. 把水搅浑才适合鱼生长

3. 文中描述沟通出现分歧的原因，错误的一项是？（　）

A. 性格习惯

B. 思想观念

C. 客观环境

D. 知识素养

4.关于处理沟通分歧的方法，正确的一项是？（　）
A.接纳对方的不足
B.据理力争
C.旁征博引
D.沉默不言

5.尊重不是口头上的敷衍。下列关于尊重理解正确的一项？（　）
A.从思想、情绪和行为上给对方充分的接纳和尊重
B.无论对错，从不反驳
C.对方的观点，左耳进右耳出
D.对错误的观点，据理力争

判断题：
与他人沟通相处，不能要求苛刻、抓住别人的缺点不放，而是要以宽容平和的心态去理解和接纳对方。（　）

多选题：
接纳沟通对象，我们应该从以下哪几个方面着手？（　）
A.尊重对方
B.唯命是从
C.理解对方
D.不辨是非

珍惜：关注对方的感受
单选题：
1.作为一个倾听者，以下哪一种行为是正确的？（　）
A.时不时看手机
B.打哈欠
C.聚精会神地注视对方
D.顾左右而言他

2.文中提到对别人的诉说不给予回应，是由于什么导致的？（　）
A.没有进行换位思考
B.不爱听
C.不想说
D.没话说

3.一位好的倾听者，在对方进行诉说的时候，正确的做法是？（　）
A.放下其他的事情，注视对方，及时回应
B.你说你的，我做我的
C.爱听的话听一点，不爱听的话就当没听到
D.即使不爱听，也要敷衍一下

4.文中对完全忽略他人感受的行为，表述正确的一项是？（　）
A.大声呵斥指责对方
B.滔滔不绝，不给对方说话的机会
C.低头做自己的事情

D.随意打断对方的表达

5.文中对"找共鸣"的方法，正确的一项是？（　）
A.刻意奉承
B.建立共同话题
C.时时迎合
D.没话找话

判断题：
在听对方说话的时候，时不时地拿起手机浏览，或者打哈欠等行为，是对对方的不尊重。（　）

多选题：
沟通中，如何才能让对方感受到被关注？（　）
A.倾听、适当回应
B.找共鸣
C.考虑对方处境
D.给予充分肯定

热情：在沟通中投入情感
单选题：
1.人们在沟通中经常感到孤独的原因是什么？（　）
A.知己难寻
B.不采取主动
C.接不上话
D.不被人理解

2.对于沟通中主动热情的描述，正确的一项是？（　）
A.显得自己卑躬屈膝
B.让人感觉虚情假意
C.看似在讨好、奉承
D.敢于尝试、敢于行动的表现

3.人们在沟通中害怕尝试主动，原因是什么？（　）
A.自我设限
B.没有机会
C.没有话题
D.口才不好

4.下列不属于沟通中不主动热情的障碍的一项是？（　）
A.突破心理障碍
B.敢于尝试
C.调整情绪
D.外界环境

判断题：
热情是人们日常生活中必不可少的情感枢纽，对人们的相处起着润滑和推动作用。（　）

多选题：
人际沟通中，缺乏主动热情、真情投入的原因是什么？（　）
A.担心自己的主动得不到他人的回应
B.对主动热情存在误解

C. 表达能力不好

D. 性格冷漠

真诚：沟通中表露出"真的我"

单选题：

1. 关于真诚沟通，下列选项中描述最全面的一项是？（　）

A. 真心诚意地沟通

B. 不诚实、说假话

C. 要真情流露、态度诚恳、不虚伪、不敷衍

D. 态度诚恳

2. 表达真诚的技巧，下列哪一项是错误的？（　）

A. 富有感情地注视

B. 恰到好处地握手

C. 自然地微笑

D. 唯唯诺诺

3. 关于沟通中如何表达真诚的技巧，错误的一项是？（　）

A. 流露真实不做作

B. 不刻意掩饰缺陷

C. 不要不懂装懂

D. 多肯定、少否定

判断题：

真诚在人际沟通中一直起着深远的意义和重要作用，它是人们为人处世的重要准则，也是一个人最好的修养。（　）

多选题：

关于如何表达真诚的自我，文中提到哪些技巧？（　）

A. 流露真实不做作

B. 不刻意掩饰缺陷

C. 不要不懂装懂

D. 多肯定、少否定

客观：跳出自己的视野

单选题：

1. 沟通中，下列关于客观的理解，错误的一项是？（　）

A. 中立的同义词

B. 像局外人一样看待某件事情

C. 减少主观因素的影响

D. 大道理和道德

2. 关于人们不能客观对待事物的原因，下列哪一项是错误的？（　）

A. 固有思想

B. 个人偏见

C. 认识局限

D. 带有感情

3. 多角度看待问题中的"多角度"不包含哪一项？（　）

A. 人类的角度

B. 社会的角度

C. 他人的角度

D. 宇宙的角度

4. 文中关于换位思考的描述，下列哪一项是正确的？（　）

A. 站在对方的角度思考

B. 换个位置思考

C. 换个角度思考

D. 换个方向思考

判断题：

人们之所以不能客观地沟通，是因为带着感情色彩在沟通。（　）

多选题：

想要沟通中客观、公正，我们要掌握以下哪几种技巧？（　）

A. 跳出原有的视野

B. 换位思考

C. 多角度看待问题

D. 以自我为中心

诚信：不轻诺但言而有信

单选题：

1. 文中关于"信"的描述，正确的一项是？（　）

A. 一个人说出去的话，就一定要兑现

B. 要相信别人

C. 要相信自己

D. 要相信他人

2. 关于言行一致的理解，正确的一项是？（　）

A. 顾左右而言他

B. 前言不搭后语

C. 语言和行动一致

D. 随心所欲

3. "车无辕而不行，人无信而不立"，这句话是谁说的？（　）

A. 孟子

B. 孔子

C. 老子

D. 庄子

4. 家庭沟通中关于言而无信的行为，下列哪一项不是？（　）

A. 哄骗孩子

B. 编造事实

C. 善意谎言

D. 随口答应却做不到

判断题：

一个人如果没有信用，是无法在社会上立足的。（　）

多选题：

在家庭沟通中，文中提到的诚信有哪几个方面？（　）

A. 言语保持诚信

B. 行为保持诚信

C. 意识保持诚信

D. 态度保持诚信

第四章　夫妻沟通：幸福比对错更重要

吵架也是一种沟通

单选题：

1. 文中关于夫妻之间"吵架"的描述不正确的一项是？（　）

A. 吵架也是一种沟通方式

B. 吵架比冷战对沟通更有利

C. 吵架是一种暴力

D. 吵架要掌握一定的技巧

2. "天天相敬如宾不见得最幸福，会吵架的夫妻才生活得最美满。"该观点是由（　）提出的。

A. 美国《读者文摘》

B. 美国《家庭心理学杂志》

C. 中国《婚姻与家庭》

D. 中国《都市主妇》

3. 关于"冷暴力"的说法不正确的是？（　）

A. 属于精神暴力

B. 夫妻冷战

C. 会加剧夫妻矛盾

D. 化争吵于无形

判断题：

吵架可以通过有效地解决两个人之间的矛盾，磨合彼此的脾气，调整夫妻之间的关系，从而让爱变得更有味道、更有质感。（　）

就事论事，就人论人

单选题：

1. 关于"就事论事"的解释，表达不准确的一项是？（　）

A. 按照事物本身的性质来评定得失

B. 抛开事物背后的起因、论述者的观点

C. 就事论事仅限于论

D. 把与之相关的事情都讨论一遍

2. 下列哪一种行为属于就事论事？（　）

A. 把陈年旧事都翻个底儿朝天

B. 过多采用人身攻击

C. 只讨论眼前发生的事情

D. 互相揭老底

3. 夫妻之间产生问题和发生矛盾，并且愈演愈烈，主要由下列哪一种关键因素引起的？（　）

A. 一方不可理喻

B. 一方各执己见

C. 不能就事论事

D. 互相不尊重和不理解，相互贬低、攻击

4. 下列哪一项不属于"就事论事"应该掌握的技巧？（　）

A. 不翻旧账

B. 不牵扯其他事情

C. 不发表自己观点

D. 不带人身攻击

判断题：

"就事论事"等同于"对事不对人"。（　）

多选题：

下列哪些是翻旧账带来的不良后果？（　）

A. 矛盾得不到解决

B. 加剧问题严重性

C. 影响夫妻和谐

D. 让事情变得更复杂

客观陈述事实，注意倾听事实

单选题：

1. 根据文中观点，夫妻之间沟通时发生争论不断的原因，表述正确的一项？（　）

A. 双方都不退让

B. 一方胡搅蛮缠

C. 双方都试图改变对方的想法

D. 外界因素影响

2. 根据文中观点，结束夫妻间争论不休最好的方法是？（　）

A. 客观陈述事实

B. 讲大道理

C. 据理力争

D. 互相退让

3. 关于客观陈述事实，下列表述正确的一项？（　）

A. 个人情感表达

B. 用事实说话

C. 晓之以理

D. 动之以情

4. 根据文中观点，关于倾听事实，描述错误的一项？（　）

A. 平静情绪

B. 给一个宣泄的空间

C. 及时纠正

D. 不要急于回答

判断题：

夫妻之间出现为了一个问题争论不休的情况，主要是因为一方控制不了另一方的想法。（ ）

多选题：

沟通过程中，夫妻要想避免争论不休，需要掌握哪些技巧？（ ）

A. 互相忍让

B. 一方沉默

C. 客观陈述事实

D. 客观倾听事实

善于利用"暂停"调节气氛

单选题：

1. 夫妻沟通中，当一方感觉事态无法控制时，该怎么做？（ ）

A. 暂且停止争论

B. 据理力争

C. 摔门而出

D. 使用暴力

2. 关于"暂停"在夫妻争论中的重要作用，表述错误的一项？（ ）

A. 调整争论节奏

B. 平复双方情绪

C. 引导另一个角度看问题

D. 事态升级

3. 关于"暂停争论"的使用场景，下列描述错误的一项是？（ ）

A. 对方状态不好

B. 事态进一步扩大

C. 对方正滔滔不绝

D. 沟通处于僵局

判断题：

夫妻沟通中，一方感觉事态无法控制时，应暂停沟通。（ ）

多选题：

暂停沟通需要掌握一定的技巧，下列哪些技巧是正确的。（ ）

A. 关注对方感受

B. 懂得自我调节

C. 找准暂停时机

D. 掌握主动

表情有时比语言更伤人

单选题：

1. 文中把表情分为几种？（ ）

A. 四种

B. 五种

C. 六种

D. 七种

2. 文中把表情分为哪几种表现形式？（ ）

A. 喜、怒、忧、思、悲、恐、惊

B. 喜、怒、哀、乐

C. 面部表情和眼部表情

D. 喜、怒、悲、恐

3. 下列哪种表情更容易让人产生沟通的意愿？（ ）

A. 愤怒

B. 哀伤

C. 恐惧

D. 喜悦

4. 沟通中正确利用表情，除了要避免表情暴力，还要注意什么？（ ）

A. 表情要真诚自然

B. 表情要夸张

C. 表情要适度

D. 表情要准确

判断题：

沟通中，人们接受的信息，45% 来自有声语言，55% 来自无声语言。（ ）

多选题：

要想避免表情给对方带来伤害，夫妻沟通中要掌握哪些方法？（ ）

A. 避免表情暴力

B. 表情真诚自然

C. 不形于色

D. 尽量减少使用表情

接受好的建议和正确的批评

单选题：

1. 文中关于"摆正心态"，理解正确的一项？（ ）

A. 调整自己的心态

B. 将心比心

C. 敞开胸怀

D. 重视对方的批评

2. 关于正确认识对方的批评，下列哪一项理解是正确的？（ ）

A. 批评要针对个人

B. 批评要就事论事

C. 批评要人身攻击

D. 批评要鸡蛋里挑骨头

3. 当我们受到别人批评时，正确的做法是？（ ）

A. 及时纠正

B. 及时反驳

C. 据理力争

D.冷静对待

4.人之所以不喜欢接受他人的批评和指责，心理学的解释是什么？（ ）

A.潜意识排斥

B.性格浮夸

C.素质低下

D.比较自我

判断题：

懂得相处之道的人，可以通过自身反省与思考，理性地接受批评。（ ）

多选题：

要想做一个敢于接受批评的人，我们需要做以下哪些调整？（ ）

A.摆正心态，重视批评

B.正确认识对方的批评

C.不要马上反驳

D.做出合理回应

改正自己的小毛病，宽容对方的小毛病

单选题：

1.夫妻间，面对对方的小毛病，下列哪一项是错误的做法？（ ）

A.改变自己

B.无法容忍

C.尊重对方

D.包容对方

2.文中关于夫妻白头偕老要经历的三次婚姻，下列哪一项是错误的？（ ）

A.和这个人结婚

B.和三个人结婚

C.和对方的习惯结婚

D.和对方的家庭结婚

3.文中造成夫妻之间习惯不同的原因，不包括下列哪一项？（ ）

A.年龄不同

B.性别不同

C.个性不同

D.兴趣不同

4.从自身角度来讲，面对对方的小毛病，最正确的做法是什么？（ ）

A.帮助对方改正

B.要求对方改正

C.严令对方改正

D.自己做出相应调整和改变

判断题：

夫妻双方的小毛病要相互调整和改变。（ ）

多选题：

夫妻面对对方的小毛病，正确的解决方法是什么？（ ）

A.改正自己的小毛病

B.宽容对方的小毛病

C.改正对方的小毛病

D.尊重对方的小毛病

已经完结的纠纷，就让它完结

单选题：

1.夫妻之间的矛盾之所以纠缠不清，最大的原因是什么？（ ）

A.分不清楚立场

B.一方胡搅蛮缠

C.互不相让

D.感情破裂

2.想要解决夫妻之间纠缠不清的矛盾，最简单的方法是？（ ）

A.让事情简单化

B.一方沉默

C.互相礼让

D.一方妥协

3.夫妻之间发生矛盾，想要很好地解决问题，最忌讳什么？（ ）

A.翻旧账

B.吵架

C.打架

D.冷战

4.夫妻发生矛盾，比对错更重要的是什么？（ ）

A.金钱

B.权力

C.态度

D.幸福

5.夫妻争吵，面对一方抓住陈年旧事不放，错误的做法是？（ ）

A.观点鲜明，使事情简单化

B.各不纠缠，明确解决态度

C.理解、宽容、忍耐

D.据理力争，试图分清是非

判断题：

夫妻之间，解决矛盾最重要的一个原则是避免揪住陈年旧事不放。（ ）

多选题：

下列哪些观点是正确的？（ ）

A.夫妻发生矛盾，要就事论事

B.翻旧账是夫妻解决矛盾最大的忌讳

C. 让事情简单化，能够帮助我们更好地解决夫妻矛盾

D. 理解、宽容、忍耐是解决夫妻矛盾最好的方法

亲密关系不等于全部生活

单选题：

1. 关于婚姻、爱情之外生活的描述，下列哪一项是错误的？（ ）

A. 每个人都应该有自己独立的工作

B. 每个人都有自己的朋友和生活圈子

C. 每个人都有自己的隐私、爱好

D. 每个人都有自己的小金库

2. 下列哪一项关于婚姻生活的观点是比较正确的？（ ）

A. 为了婚姻可以牺牲自己的一切

B. 婚姻生活并不是人们生活的全部

C. 婚姻生活是一个人生活的全部

D. 幸福的婚姻就是对方可以为自己放弃所有

3. 想要婚姻幸福美满，下列哪一个观点是错误的？（ ）

A. 尊重对方的个人兴趣和爱好

B. 双方都要有私人空间

C. 给对方交朋友的时间

D. 为自己牺牲全部

4. 人生除了婚姻，还有很多人和事不可辜负。下列哪一项描述是错误的？（ ）

A. 家人不可辜负

B. 朋友不可辜负

C. 工作不可辜负

D. 除了婚姻，什么都可以辜负

判断题：

婚姻生活是一个人生活的全部。（ ）

多选题：

根据文中观点，不幸福的婚姻有哪些表现？（ ）

A. 认为婚姻就是做人成功的标准

B. 认为为了婚姻，可以牺牲掉全部

C. 认为一味付出就能让婚姻幸福

D. 认为婚姻是爱情的坟墓

第五章　亲子沟通：和孩子保持同步

你知道孩子喜欢什么吗

单选题：

1. 父母盲目地培养孩子，会对亲子教育产生哪些影响？（ ）

A. 忽视孩子的自主权和选择权

B. 让孩子接受的知识更全面

C. 把孩子培养成全才

D. 让孩子的兴趣更广泛

2. 亲子教育，如何才能发现孩子真正的兴趣？（ ）

A. 了解孩子的基础上，走进孩子的世界

B. 把所有的兴趣班都报一遍

C. 强制孩子，让其产生兴趣

D. 跟风，模仿别人的方法

3. 下列哪一项不是阻碍父母走进孩子世界的因素？（ ）

A. 年龄

B. 经历

C. 姿态

D. 沟通

4. 想要知道孩子喜欢什么，下列哪一项做法不正确？（ ）

A. 站在孩子的角度

B. 了解孩子的兴趣

C. 平等进行沟通

D. 站在自己的角度观察

5. 关于亲子沟通障碍产生的原因，下列哪一项是错误的？（ ）

A. 父母很难理解孩子的世界

B. 孩子更难理解大人的世界

C. 父母想要孩子按照自己说的去做

D. 孩子天生都是叛逆的

判断题：

想要了解孩子的兴趣，最好的方法是给孩子报所有的兴趣班。（ ）

孩子为什么喜欢动画片和电子游戏

单选题：

1. 关于孩子为什么喜欢动画片和电子游戏，下列哪一项解释是不正确的？（ ）

A. 孩子喜欢色彩鲜艳的事物

B. 孩子的想象力能得到释放

C. 孩子能够从中找到归属感

D. 动画片和电子游戏比现实世界更精彩

2. 造成孩子沉迷游戏，很难改正的根本原因，理解正确的一项？（ ）

A. 游戏太好玩

B. 生活太枯燥

C. 父母引导的方法不当

D. 孩子不听话

3. 孩子沉迷电子游戏，父母需要使用的正确的引导方法是？（ ）

A. 换位思考，多陪伴、多沟通

B. 打骂、指责

C. 限制孩子自由时间

D. 缩小孩子的活动空间

4. 下列哪一项不属于看动画片和打电子游戏对儿童的危害？（ ）

A. 容易出现近视

B. 有损脊椎发育

C. 容易荒废学业

D. 利于培养兴趣、爱好

判断题：

孩子缺少父母的陪伴，是爱看动画片和打电子游戏的重要原因之一。（ ）

多选题：

父母如何做，才能帮助孩子戒掉沉迷于游戏的坏习惯？（ ）

A. 换位思考，与孩子保持同步

B. 理解、尊重作为沟通的前提

C. 多陪伴孩子，与孩子共同成长

D. 以身作则，做孩子的榜样

与孩子交流时应该有的姿态

单选题：

1. 文中，作者比较推崇哪种与孩子交流的正确姿势？（ ）

A. 居高临下

B. 蹲下来

C. 百依百顺

D. 无条件溺爱

2. 下列哪一项不属于错误的交流姿势给孩子成长带来的危害？（ ）

A. 人际交往能力差

B. 自卑，害怕交流

C. 自我，听不得批评

D. 自信，勇敢面对

3. 下列哪一项是亲子交流中，父母应采取的正确姿势？（ ）

A. 把孩子当成朋友

B. 把孩子当成下属

C. 把孩子当成皇帝

D. 把孩子当成孩子

4. "蹲下来"的交流方式成为亲子之间最好的交流方式，根本原因是什么？（ ）

A. 建立在平等、理解、尊重的基础上

B. 与孩子一样高，便于说话

C. 与孩子一样高，便于观察

D. 与孩子一样高，便于说服

判断题：

与孩子交流，父母应该采取平等的姿态。（ ）

寻找和孩子的共同话题

单选题：

1. 下列哪种行为不能帮助父母与孩子建立心灵上的互动？（ ）

A. 陪伴孩子一起读书

B. 与孩子分享自己的生活感受

C. 经常陪伴孩子做游戏

D. 多给孩子零花钱

2. 关于培养和孩子之间的共同爱好，下列哪种做法是正确的？（ ）

A. 把孩子的爱好当作自己的爱好

B. 把自己的爱好当作孩子的爱好

C. 支持的基础上，进行适当引导

D. 强迫孩子和自己保持一致

3. 关于培养共同话题的行为，下列哪一项是不正确的做法？（ ）

A. 从心灵上和孩子产生共鸣

B. 找到与孩子的共同爱好

C. 多学习，与孩子在知识上保持一致

D. 把自己的理想强加给孩子

4. 当发现孩子的爱好和自己的爱好很难达成一致时，父母最正确的做法是什么？（ ）

A. 加以制止

B. 给予否定

C. 鼓励并加以引导

D. 放弃自己的爱好

判断题：

寻找共同话题，能够帮助父母更好地与孩子进行沟通交流。（ ）

多选题：

要想和孩子找到共同话题，父母需要从哪些方面进行调整？（ ）

A. 寻找心灵上的共鸣

B. 培养共同爱好

C. 改变自己的生活习惯

D. 改变自己的工作习惯

尊重与平等，接纳其合理要求

单选题：

1. 下列哪一项行为会导致父母得不到孩子的尊重和理解？（ ）

A. 溺爱孩子

B. 尊重孩子

C. 支持孩子

D. 经常拒绝孩子

2. 下列哪种行为会扼杀孩子主动创造力？（ ）

A. 否定

B. 肯定

C. 鼓励

D. 尊重

3. 对于孩子独特的个性差异，父母最正确的行为是？（ ）

A. 纠正

B. 接纳

C. 批评

D. 否定

4. 在家庭教育中，对于父母角色理解最正确的一项是？（ ）

A. 生活陪伴者

B. 人生导师

C. 生活陪伴者和人生导师

D. 生命给予者

判断题：

亲子教育，父母要用大人的标准严格要求孩子，才能让孩子长大成才。（ ）

多选题：

关于孩子的个性化差异的说法，哪些是正确的？（ ）

A. 乖巧、听话未必就是好孩子的标准

B. 顽皮、淘气未必就是坏孩子的特点

C. 孩子的个性化差异是其创造力的体现

D. 孩子的个性化差异是其能力的体现

相对合理的控制，给予独立的空间

单选题：

1. 关于相对合理的控制，下列哪一项表述最正确？（ ）

A. 给予独立的空间

B. 设定相对的空间

C. 严格控制孩子的自由空间

D. 放任不管

2. 一味地约束和控制孩子，会对孩子的成长造成什么影响？（ ）

A. 长大成为一个听话的孩子

B. 便于帮助孩子养成规矩

C. 能够帮助孩子少走弯路

D. 限制孩子的自由发展

3. 下列哪一种行为符合合理控制的范畴？（ ）

A. 给孩子的课外生活排得满满的

B. 控制孩子的言行举止

C. 给孩子设定各种条条框框

D. 定下规则，适当放养

4. 当孩子长大想要独立时，父母应该怎么做？（ ）

A. 给予鼓励和支持

B. 拴在自己的身边

C. 严格控制发展方向

D. 放任不管，自生自灭

判断题：

对于充满未知的世界，给孩子一个独立的空间，让其自己去探索。（ ）

多选题：

关于适当放养，正确的做法有哪些？（ ）

A. 早期主动约束

B. 灵活调整限制边界

C. 合理的控制

D. 完全放手

确立合理的期望

单选题：

1. 关于对孩子的期望，下列选项中哪一项做法是正确的？（ ）

A. 把自己的梦想强加在孩子身上

B. 孩子是一种投资

C. 孩子是炫耀的作品

D. 确立合理的期望

2. 下列哪一项属于合理的期望？（ ）

A 优异的学习成绩

B. 良好的工作业绩

C. 谋求一官半职

D. 实现自己的梦想

3. 关于期望不可"以偏概全"，下列选项中理解正确的一项是？（ ）

A. 不要让孩子放弃大的理想

B. 帮助纠正小的理想

C. 帮助孩子确定发展的方向

D. 帮助孩子培养飞行的能力，而非方向

4. 关于如何才能帮助孩子将期望转化成孩子的欲望的方法，错误的一项是？（ ）

A. 提供心理发展和个人树立的广阔空间

B. 培养孩子追求上进的思想

C. 培养孩子做判断的能力

D. 培养孩子做选择的能力

判断题：

孩子是父母的一种投资。（ ）

多选题：

1. 文中提到哪些技巧能够让父母对孩子确立合理的期望？（ ）

A. 期望应与孩子能力水平和爱好相符合

B. 期望不可以"以偏概全"

C. 将期望转化成孩子的欲望

D. 期望大人不可以自行做决定

2. 父母对孩子确立期望的常见误区有哪些？（ ）
A. 把自己的梦想强加在孩子的身上
B. 孩子是一种投资
C. 孩子是炫耀的作品
D. 成绩优异才有出息

教育孩子时最不该有的十种行为

单选题：
1. 下列父母的哪种不当的管理行为，容易让孩子长大缺乏理财能力？（ ）
A. 缺少有管理的零花钱制度
B. 向孩子发泄情绪
C. 反复叫孩子去做某件事
D. 在孩子面前表现出内疚
2. 下列父母的哪种不当的管理行为容易导致孩子畏惧犯错、不敢行动？（ ）
A. 与孩子争吵
B. 当孩子行为不当时，表现出愤怒
C. 自己撇下孩子不管，叫配偶来解决
D. 孩子之间争吵，扮演法官的角色，却偏袒其中一方
3. 下列选项中哪一种行为是正确的？（ ）
A. 向孩子发泄情绪
B. 在孩子面前表现出内疚
C. 与孩子争吵
D. 给孩子树立好的榜样
4. 下列选项中，哪一种行为容易让孩子养成拖拉的毛病？（ ）
A. 与孩子争吵
B. 反复叫孩子去做某件事
C. 当孩子的行为不当时，表现出愤怒
D. 自己撇下孩子不管，叫配偶来解决

判断题：
经营家庭、管理孩子都有一定的行为标准和教育规范。（ ）

多选题：
关于管教孩子，下列行为中哪些属于不当行为？（ ）
A. 向孩子发泄情绪
B. 无条件宠爱
C. 当孩子行为不当时，在鼓励的基础上加以纠正
D. 孩子之间争吵，尽量让他们自己解决

最不该对孩子说的十句话

单选题：
1. 下列选项中，哪句话对孩子的自信心打击最大？（ ）
A. 你怎么这么笨

B. 你爱怎么样就怎么样
C. 我说不行就不行
D. 妈妈求你了
2. 下列选项中，哪句话容易造成孩子焦虑、抑郁？（ ）
A. 如果爸爸妈妈离婚，你会跟谁
B. 我们是不行了，孩子，靠你了
C. 儿子，我砸锅卖铁也要供你读书
D. 爸爸妈妈要工作，没有时间陪你玩
3. 下列选项中，哪句话容易让孩子产生厌学心理？（ ）
A. 爸爸妈妈要工作，没有时间陪你玩
B. 我说不行就不行
C. 你爱怎么样就怎么样
D. 儿子，我砸锅卖铁也要供你读书
4. 下列选项中，哪句话容易让孩子产生自卑心理？（ ）
A. 你怎么这么不听话
B. 我们是不行了，孩子，就靠你了
C. 你看人家某某
D. 妈妈求你了

判断题：
"别人家的孩子"教育方式，能帮助孩子培养进取心。（ ）

多选题：
关于"好孩子是夸出来的"，下列哪些理解是正确的？（ ）
A. 赞美会让孩子内心充满感恩
B. 谨慎使用否定评价，能够让孩子敢于追求成功
C. 赞美能够让孩子对生活充满热爱
D. 赞美能够帮助孩子培养自信

第六章 与长辈沟通：抱有尊重，注意技巧

尊敬是一种态度，尊重是一种做法

单选题：
1. "尊重"和"尊敬"，两个词语之间有什么区别？（ ）
A. 两者没有区别
B. 尊敬的感情色彩更浓
C. 尊重的感情色彩更浓
D. 尊敬是态度，尊重是行为
2. 对于"尊重"的解释，下列哪一项更符合文中的语境？（ ）
A. 平等相待的心态及言行

B.尊敬、重视

C.对重要人的尊称

D.行为尊崇、重视他人

判断题：

先有尊敬的态度，才有尊重的行为。（ ）

多选题：

即使是与长辈沟通，尊重也不是盲目的。尊重需要遵循哪些原则？（ ）

A.尊重是相互的

B.尊重长辈要尊重自己

C.尊重是单方行为

D.尊重是盲目的

勇敢说出你的爱

单选题：

1.据文中所述，表达爱的最佳方式是什么？（ ）

A.默默奉献

B.大声说出来

C.含蓄告知

D.无声付出

2.中国人表达爱的方式比较含蓄，原因是什么？（ ）

A.付出的较少

B.付出的太多

C.传统文化的影响

D.不懂什么是爱

3.爱就大声说出来。母亲节、父亲节，儿女的哪种表达爱的做法是不恰当的？（ ）

A.默默祝福

B.给父母打个电话

C.给父母送份礼物

D.对他们说"我爱你"

判断题：

陪伴是最好的爱。（ ）

倾听和诉说都要有耐心

单选题：

为什么生活中大多数人对陌生人都能保持耐心，却对家人表现出不耐烦？找出下列表述错误的选项。（ ）

A.人们认为家人是不会抛弃自己的

B.无论如何，家人都会理解

C.与陌生人相处，需要一定的尊重

D.家人是不需要尊重的

多选题：

面对父母的"唠叨"，儿女应该怎么做？（ ）

A.默默走开

B.耐心倾听

C.及时互动

D.大声阻止

对长辈多一些真诚

单选题：

1."真者，精诚之至也，不精不诚，不能动人"，这句话出自哪部作品？（ ）

A.《庄子》

B.《孟子》

C.《孔子》

D.《老子》

2.与长辈沟通时，说话一定要真诚。下列哪一项体现不出晚辈的真诚？（ ）

A.心不在焉

B.聚精会神

C.态度诚恳

D.语气坦然

3.文中关于"行为上落到实处"的理解，下列哪一项是正确的？（ ）

A.言行举止一致

B.夸大其词

C.心口不一

D.说到做不到

判断题：

与长辈沟通时，真诚往往最可贵，最能打动人心。（ ）

多选题：

与长辈沟通时，我们如何才能让长辈感受到真诚？（ ）

A.话语上真诚流露

B.行为上落到实处

C.多肯定、少否定

D.多互动、少争执

多说一些甜言蜜语

单选题：

1.《立论》是谁的作品？（ ）

A.胡适

B.老舍

C.鲁迅

D.莫言

2.以下关于赞美老人的说法不准确的是？（ ）

A.提高老人的老年生活质量

B.满足老人的精神需求

C.是生活艺术和孝心的流露

D.是对老人的阿谀奉承

3. 对老人说甜言蜜语的正确态度是？（　　）
A. 事事恭维
B. 颐指气使
C. 自然随意
D. 基于事实
判断题：
老人见多识广，不喜欢听赞美的话。（　　）

聊长辈喜欢的话题
单选题：
1. 以下不属于普遍意义上长辈喜欢的话题是？（　　）
A. 兴趣爱好
B. 年轻岁月
C. 向长辈"撒娇"
D. 单身主义
2. 和老人聊他们年轻岁月时，不应该有的态度是？（　　）
A. 表现出很好奇
B. 敷衍了事
C. 耐心聆听
D. 注重他们的感受
判断题：
1. 老人都是老顽固，根本不懂年轻人的世界，没什么可聊的。（　　）
2. 逃避"逼婚"的最好办法，就是离长辈远远的。（　　）

不计较老人的脾气
单选题：
1. 以下不属于"为老不尊"的表现是？（　　）
A. 乱发脾气
B. 无端索取
C. 关爱晚辈
D. 不讲道理
2. 面对老人的脾气，我们不应该？（　　）
A. 厌烦躲避
B. 宽容理解
C. 从心理上暗示
D. 带出去旅游
3. 文中把什么行为比喻成给长辈"挠痒痒"？（　　）
A. 看书调节
B. 从心理上暗示
C. 给老人"拍马屁"
D. 带出去旅游
判断题：
1. 现代老人更需要的是儿女的精神赡养。（　　）
2. 在和老人相处时，面对他们的脾气，我们应该找到合适的方法去磨合它，去感化它，去掌握它。（　　）

不要使用长辈听不懂的语言
单选题：
1. 美国马里兰大学研究发现，老人听不懂别人说话是因为？（　　）
A. 根本不想听懂
B. 耳朵聋了
C. 对方没说清楚
D. 大脑退化
2. 在和长辈沟通过程中，应该注意？（　　）
A. 快嘴快舌，表达明快流畅
B. 多用新潮词语
C. 少说网络新词
D. 尽可能少说话
判断题：
避免使用长辈听不懂的语言的意思是网络新词一个都不能用。（　　）

第七章　与兄弟姐妹沟通：以和为贵

兄弟姐妹一家亲
单选题：
1. 下列关于兄弟姐妹一家亲的描述，不正确的一项是？（　　）
A. 共同的血脉
B. 同甘苦、共患难
C. 先天的信任
D. 各人自扫门前雪
2. 关于共同的血脉，下列理解正确的一项是？（　　）
A. 同一父母，一脉相承
B. 同一姓氏，一笔写不出两个姓氏
C. 同一祖宗，炎黄子孙
D. 同一种族，黄皮肤、黑眼睛
3. 关于兄弟姐妹是同盟关系的说法，下列哪一项是错误的？（　　）
A. 一起赡养父母
B. 一起抵御外人欺负
C. 一起分享家族荣誉
D. 一起抚养子女
4. 下列选项中，哪句话体现不出兄弟姐妹间的先天信任？（　　）
A. 她是我亲姐姐，交给她我放心
B. 他是我哥，我不找他找谁
C. 虽然是我妹妹，但是人长大了都会变的
D. 我妹妹不会先欺负别人的
判断题：
兄弟姐妹之间的感情是任何人际关系不可替代的亲情关系，也是割舍不断的一种血缘关系。（　　）

多选题：
兄弟姐妹一家亲表现在哪些方面？（ ）
A. 共同的血脉
B. 同盟合作关系
C. 先天的信任优势
D. 共同的兴趣和爱好

主动和兄弟姐妹沟通
单选题：
1. 文中，兄弟姐妹之间和谐相处，最简单、有效的方法是什么？（ ）
A. 主动沟通
B. 互相忍让
C. 互相猜忌
D. 老死不相往来
2. 导致很多兄弟姐妹之间产生分歧和矛盾不能及时得到解决的原因，下列哪一项描述是错误的？（ ）
A. 碍于面子不好意思先承认错误
B. 觉得亲人之间没有必要主动道歉
C. 自负，认为自己做什么都是对的
D. 等待对方妥协或先发话
3. 文中关于"兄弟同心，其利断金"的解释，下列哪一项是正确的？（ ）
A. 兄弟一条心，利刃可断黄金
B. 兄弟一条心，可以日进斗金
C. 兄弟一条心，没钱也不怕
D. 兄弟一条心，就能发挥很大的力量
4. 兄弟姐妹之间遇到困难、挫折，下列哪一项做法是正确的？（ ）
A. 共患难
B. 能帮则帮
C. 各人自扫门前雪
D. 事不关己高高挂起
判断题：
一个家庭能否和谐、幸福，兄弟姐妹的和睦相处占据了举足轻重的地位。（ ）
多选题：
根据文中观点，在什么情况下，兄弟姐妹之间应该主动沟通？（ ）
A. 分享喜悦
B. 遇到磨难
C. 征求意见
D. 一日三餐

尊重对方的个性和行为习惯
单选题：
1.《弟子规》中"兄道友，弟道恭"中的"恭"，文中解释是什么？（ ）
A. 恭维

B. 恭敬、尊重
C. 肃静
D. 态度谨慎
2. 兄弟姐妹之间，面对其他人的独特个性和行为差异，正确的做法是什么？（ ）
A. 纠正
B. 理解
C. 尊重
D. 效仿
3. 文中关于"求同存异"的理解，下列哪一项是正确的？（ ）
A. 从差异中寻求共同之处
B. 找出共同点，保留不同意见
C. 任何事情都存在差异
D. 寻求共同之处，祛除不同之处
判断题：
在你充分尊重对方个性和行动的时候，对方也会给予你一定的尊重和理解。（ ）
多选题：
兄弟姐妹之间面对其他人的个性和行动，下列哪些做法是正确的？（ ）
A. 求同存异
B. 不干涉、不阻止
C. 敬而远之
D. 客观的肯定和赞扬

不争宠、不告状
单选题：
1. 文中提到孩子争宠是由什么原因导致的？（ ）
A. 争强好胜的心理
B. 小心眼
C. 兄弟姐妹较多，父母顾不过来
D. 自尊心
2. 作为哥哥姐姐，下列哪种行为是错误的？（ ）
A. 以身作则
B. 不与弟弟妹妹斤斤计较
C. 帮助弟弟妹妹
D. 指责、打骂弟弟妹妹
3. 兄弟姐妹之间相处，作为弟弟妹妹，下列哪种心态是错误的？（ ）
A. 年龄最小，应该得到礼让
B. 年龄最小，应该尊重哥哥姐姐
C. 只要我乖，哥哥姐姐就不会欺负我
D. 遇到问题请求哥哥姐姐的帮助
4. 错误的家庭教育方式导致很多孩子发现其他的兄弟姐妹犯错后，最常见的做法是什么？（ ）
A. 向父母告状、争宠

B. 主动帮助改正

C. 帮助欺瞒父母

D. 不闻不问

判断题:

试图通过告状,用言语和行动来干涉父母是一种典型的争宠行为。( )

遇事彼此商量、彼此谅解

单选题:

1.一个人的力量是渺小的,家庭中遇到事情,应该怎么做?( )

A. 不连累他人

B. 团结一致

C. 孤军奋战

D. 推给他人

2. 家庭遇到困难会出现意见相左的情况,此时,下列哪一项做法是最正确的?( )

A. 先真诚接受,通过沟通寻求统一

B. 据理力争、技压群雄

C. 你说你的,我做我的

D. 年长者乾纲独断

3. 家庭成员中有人犯错,其他成员应该怎么做?( )

A. 群起而攻之

B. 隔离审查

C. 放弃,让其自生自灭

D. 在谅解的基础上,主动帮助

判断题:

家庭的和谐相处一定是建立在每个家庭成员的共同协商、共同前进的作用力之上。( )

谈论你们之间的关系

单选题:

1.文中关于"姐妹连肝胆,兄弟同骨肉",理解正确的一项是?( )

A. 兄弟姐妹之间是一种肝与胆、骨与肉一样不可分割的关系。

B. 姐妹的肝胆连在一起

C. 兄弟的骨肉连在一起

D. 兄弟姐妹本为一体

2. 关于坦诚相待的作用,下列哪一项是错误的?( )

A. 可以培养彼此的信任感

B. 容易产生矛盾

C. 容易影响彼此之间的和谐

D. 容易泄露隐私

3. 兄弟姐妹之间除了亲情,还可以建立什么关系?( )

A. 朋友关系

B. 同事关系

C. 同学关系

D. 陌生人关系

4.文中提到哪种因素影响兄弟姐妹之间遮掩亲情关系?( )

A. 隐私

B. 财富

C. 面子

D. 过度保护

5. 当兄弟姐妹之间关系过度紧张的时候,最正确的做法是什么?( )

A. 努力改善关系

B. 互不相让

C. 避而远之

D. 冷处理

判断题:

面对他人的询问或者是一些沟通中需要提及的地方,我们都应该大大方方地谈论我们与兄弟姐妹之间的关系。( )

多选题:

如何才能让我们大大方方地谈论与兄弟姐妹之间的关系?( )

A. 坦诚相待

B. 努力改善关系

C. 遵从内心

D. 成为朋友

支持你的兄弟姐妹

单选题:

1.下列选项中,哪一项不是兄弟姐妹互相支持、互相支撑的理由?( )

A. 互为成长的陪伴者

B. 都是家庭和谐的贡献者

C. 赡养父母的分担者

D. 社会和谐的贡献者

2. 兄弟姐妹遇到挫折需要打气的话,其他人怎么表达自己的支持?( )

A. 给予关怀和鼓励

B. 迎头棒喝

C. 稍作安慰

D. 冷眼旁观

3.下列选项中,哪种行为不能给对方以温暖和力量?( )

A. 会心的微笑

B. 视而不见

C. 温暖的怀抱

D. 充满爱意的眼神

4. 文中"标林榉栌，以相支持"，其中的"标林榉栌"寓意是什么？（ ）

A. 柱子和斗拱

B. 兄弟姐妹

C. 父母子女

D. 朋友

5. 兄弟姐妹需要分忧解难的时候，我们应该怎么做？（ ）

A. 主动出谋划策

B. 稍作安慰

C. 落井下石

D. 袖手旁观

多选题：

文中所述，兄弟姐妹之间表达支持的方式有哪几类？（ ）

A. 帮助解析、分忧解难

B. 给予关怀、表达爱意

C. 互吐心曲、相互鼓励

D. 事不关己、冷眼视之

尽量避免家庭纠纷

单选题：

1. 文中引用"清官难断家务事"，主要想表达什么观点？（ ）

A. 家务事非常难解决

B. 家务事没有对错

C. 要尽量避免家庭纠纷，不要想着出了纠纷再解决

D. 清廉的官员不会帮助你处理家务事

2. 文中所述，什么是家庭纠纷的导火索？（ ）

A. 情绪

B. 思想

C. 观点

D. 语言

3. 下列选项中，哪一项技巧能够让沟通简单明了？（ ）

A. 合理表明立场

B. 尊重对方意见

C. 避免情绪化

D. 闭口不言

4. 沟通交流中，想要对方接受自己观点，首先自己要怎么做？（ ）

A. 摆事实

B. 讲道理

C. 尊重对方观点

D. 占领道德制高点

5. 根据文中案例，哥哥面对李猛的情绪化，正确的做法应该是什么？（ ）

A. 保持冷静，心平气和

B. 惹不起，躲的起

C. 回家找父母告状

D. 口头教训，别动手

判断题：

尽量避免家庭纠纷，是维护家庭和谐最好的方法。（ ）

多选题：

文中阐述了哪些避免家庭纠纷的方式方法？（ ）

A. 家族成员的情绪化

B. 合理的表明立场

C. 老死不相往来

D. 尊重对方的意见

第八章 与领导、下属沟通：对上有义、对下有情

取得信任，突破沟通障碍

单选题：

1. 上下级沟通中，最大的障碍是什么？（ ）

A. 缺乏信任

B. 认识不同

C. 立场不同

D. 利益不同

2. 上下级沟通，突破沟通障碍的最关键的步骤是什么？（ ）

A. 统一认识

B. 统一立场

C. 统一利益

D. 建立信任

3. 作为领导，想要赢得下属的信任，下列哪种做法是错误的？（ ）

A. 以权压人

B. 信任自己的下属

C. 尊重下属的意见

D. 关心下属的生活

4. 作为下属，如何赢得领导的信任？（ ）

A. 少说话、多做事

B. 主动沟通，展现真实自我

C. 对领导唯命是从

D. 打不还手、骂不还口

5. 如何赢得同事的信任？（ ）

A. 多交流

B. 多做事

C. 少埋怨

D. 少沟通

判断题：

上下级之间，主动沟通、及时沟通不仅能够减少矛盾，还能够提高信任。（ ）

多选题:
工作中,人们往往充当哪些角色? ( )
A.领导
B.亲人
C.同事
D.下属

柔性策略,加强工作外的沟通
单选题:
1.关于文中"柔性策略"的理解,下列哪一项是错误的? ( )
A.在轻松的场合
B.采用柔和、带感情的语言或行为
C.达到建立新感情和联系的目的
D.像打太极一样,以柔克刚
2.文中所述,与领导建立联系和感情最有效的方法是什么? ( )
A.柔性策略
B.阿谀逢迎
C.请客、送礼
D.狼狈为奸
3.下列行为中,哪一项是柔性策略的具体表现? ( )
A.聚餐时给领导敬酒
B.和领导沟通时,放低姿态
C.外人面前,给足领导面子
D.布置任务时,主动承担
4.当领导工作中"为难"自己的时候,应该怎么做? ( )
A.强制性拒绝
B.找老板告状
C.通过与领导互动,加强沟通
D.辞职走人
判断题:
缺乏互动、交流,是上下级沟通产生障碍的重要原因。( )
多选题:
与领导沟通采用柔性策略,要注意哪些技巧? ( )
A.态度谦和、表示理解
B.言行举止得当、表示尊重
C.适当互动,建立联系
D.保持距离,适可而止

引导提问,让对方说出真心话
单选题:
1.职场沟通中,导致上下级沟通停留在表面上的原因不包括哪一项? ( )
A.工作任务繁忙

B.上下级存在某些芥蒂
C.工作时间紧张
D.上下级没有共同语言
2.职场沟通中,上下级沟通停留在表面会给工作造成很多麻烦。下列描述中不正确的一项是? ( )
A.无法了解员工的真实想法
B.很难找到相同的兴趣爱好
C.找不到有效的解决方案
D.不利于团队之间相互协作
3.引导提问中,提出问题的目的是什么? ( )
A.引导员工自行找到最佳解决方案
B.给员工提供解决方案
C.帮助员工认识自己的错误
D.树立自己的权威
4.引导提问式沟通会采用一些问句来带动员工思考。下列哪种问句形式是错误的? ( )
A.为什么呢?
B.接下来怎么做?
C.你觉得那种方法比较合适?
D.你难道是猪脑子吗?
5.对于员工来说,引导提问能够有效地提高工作效率。下列哪一项描述不正确? ( )
A.再次确定有效信息
B.明确工作目标
C.了解领导期望,少走弯路
D.降低工作要求
判断题:
职场沟通中,传统的一问一答的沟通方式,很容易让员工说出真心话。( )
多选题:
引导提问式沟通,提出的问题要具备哪些条件? ( )
A.问题要有意义
B.问题要有针对性
C.问题要有思考性
D.问题要尖锐

含蓄、幽默、简洁、生动
单选题:
1.上下级沟通中,语言的最佳境界是什么? ( )
A.直接、清晰
B.含蓄、幽默、简洁、生动
C.简单、明朗
D.简单、清晰
2.含蓄的语言风格,对上下级沟通起到什么作用? ( )
A.尊重对方,避免激化矛盾
B.让对方觉得自己很好说话

C. 增强个人魅力

D. 提高领导力

3. 幽默的语言风格，对上下级沟通起到什么作用？（ ）

A. 吸引对方的注意力

B. 展现自我魅力

C. 语言富含趣味性，有利于进一步沟通

D. 提高领导力

4. 生动的语言，对上下级沟通起到什么作用？（ ）

A. 展现自己很有学识

B. 营造有趣的沟通氛围

C. 增强观点的说服力

D. 引人入胜，让人愿意听下去

5. 语言简洁、不拖泥带水，对上下级沟通起到什么作用？（ ）

A. 让对方觉得自己是个干脆的人

B. 营造有趣的沟通氛围

C. 观点明确，及时得到反馈

D. 引人入胜，让人愿意听下去

判断题：

职场沟通中，懂得幽默的人往往比不懂幽默的人更具有吸引力和凝聚力。（ ）

建设性对话，不发牢骚

单选题：

1. 职场沟通中，遇到与对方意见相左的情况，我们该怎么做？（ ）

A. 尊重差异、提出合理化建议

B. 坚持观点，据理力争

C. 各自为政，分道扬镳

D. 阳奉阴违，我行我素

2. 职场沟通中，发现对方的观点存在不足，我们该怎么做？（ ）

A. 及时纠正，随意打断

B. 耐心等待，适时补充

C. 事不关己，阳奉阴违

D. 阿谀逢迎，落井下石

3. 职场沟通中，对方询问自己的观点时，我们该怎么做？（ ）

A. 张口就来，满口胡言

B. 敝帚自珍，一言不发

C. 灵活对话，有所创新

D. 随口敷衍，一知半解

4. 关于建设性对话的理解，下列哪一项是错误的？（ ）

A. 意见或建议要具有创新意识

B. 意见或建议要具有可行性

C. 意见或建议要实事求是

D. 意见或建议可以天马行空

判断题：

职场沟通中，提出建设性的建议往往比背后发牢骚对工作更有帮助。（ ）

多选题：

沟通中，建设性对话要遵循哪几个原则？（ ）

A. 尊重差异，避免情绪

B. 适当表达，补充说明

C. 灵活对话，有所创新

D. 小心谨慎，三缄其口

有分寸地夸奖和赞美

单选题：

1. 关于赞美的作用，下列选项中哪一项理解不正确？（ ）

A. 赞美可以得到更好的人际关系

B. 赞美可以获得对方的认可

C. 赞美可以得到别人的尊重

D. 赞美是一门语言艺术

2. 赞美不当，往往会使沟通的效果适得其反。下列选项中哪一项属于赞美不当？（ ）

A. 发自内心、由衷地赞美对方

B. 实事求是地赞美对方

C. 不论事实，天马行空

D. 针对具体事物进行赞美

3. 下列选项中，哪一句更能符合"赞美他人应该有独到之处"？（ ）

A. 你长得真漂亮

B. 你的衣服真好看

C. 你真睿智，观点非常独特

D. 你真聪明

4. "赞美他人要找准时机"，下列哪一项时机是正确的？（ ）

A. 别人生病时

B. 别人发怒时

C. 别人自豪时

D. 别人落难时

判断题：

赞美是一种具有魔力的巧言妙语，适用于任何人、任何时机。（ ）

多选题：

赞美需要掌握一定的分寸。这句话里面的分寸包含哪些内容？（ ）

A. 真诚、发自内心

B. 有独到之处

C. 分场合、找准时机

D. 多采用夸张、比喻

对上对下，都要注意态度

单选题：

1. 和上级沟通，面对领导的指责和批评，我们该怎么办？（ ）

A. 言听计从

B. 依然反抗

C. 据理力争

D. 坦然接受

2. 和上级沟通，当领导指出自己的错误和不足时，我们该怎么办？（ ）

A. 尊重、认同

B. 当众反驳

C. 强词夺理

D. 充耳不闻

3. 和下级沟通，面对下属的错误，做法错误的是？（ ）

A. 冷静、客观地对待

B. 就事论事

C. 迎头棒喝

D. 尊重、理解

4. 无论是与上级沟通，还是和下级沟通，最重要的前提因素是什么？（ ）

A. 尊重对方

B. 赞美对方

C. 守住原则

D. 有情有理

判断题：

上下级沟通中，态度起到了非常大的作用。它是良好沟通的开始，也是沟通继续下去的保障，更是有效沟通的决定因素。（ ）

有分歧时，不妨保留意见

单选题：

1. 上下级沟通中出现一般性的争议，我们该怎么做？（ ）

A. 保留意见

B. 提请上级

C. 当面反驳

D. 坚持争取

2. 上下级沟通中出现较大分歧，我们该怎么做？（ ）

A. 保留意见

B. 提请上级

C. 委曲求全

D. 据理力争

3. 与性格开朗的同事之间出现分歧，我们该怎么做？（ ）

A. 直接表明自己的观点

B. 间接表明自己的观点

C. 直接指出对方的错误

D. 间接指出对方的错误

4. 与严肃、较真的同事之间出现分歧，我们该怎么做？（ ）

A. 直接表明自己的观点

B. 间接表明自己的观点

C. 直接指出对方的错误

D. 间接指出对方的错误

判断题：

即使面对较大的分歧，也要保持团队内部的团结。（ ）

多选题：

在面对同事、上下级之间出现分歧的情况下，保留意见的正确做法有哪些？（ ）

A. 大局出发，工作为重

B. 冷静对待，不闹情绪

C. 了解对方，适时沟通

D. 委曲求全，得过且过

第九章　与朋友沟通：以信为先

朋友之间要遵守承诺

单选题：

1. 以下不属于遵守承诺的行为是？（ ）

A. 凡事三思而后行

B. 不要出尔反尔

C. 语言和行动一致

D. 不管什么事，先承诺了再说

2. "古者言之不出，耻躬之逮也。"这句是（ ）说的。

A. 孟子

B. 孔子

C. 荀子

D. 老子

3. "一诺千金"的故事出自（ ）。

A.《史记·季布栾布列传》

B.《史记·佞幸列传》

C.《史记·春申君列传》

D.《史记·苏秦列传》

4. 如果已经和朋友许下承诺，不要做什么？（ ）

A. 明确时间、地点

B. 做出一些具体的计划

C. 在实现承诺过程中出现意外，并诚恳地解释说明

D. 无限期延长兑现诺言的时间

判断题：

1. 随意抛洒诺言的行为很容易导致无意中失信于人。（ ）

2. 与朋友之间相处，我们在谨言慎行同时，说出的每一句话，都需要在行为上为它负责。（ ）

多选题：

孔子说："人而无信，不知其可也。大车无輗，小车无軏，其何以行之哉？"这句话的意思是？（ ）

A. 人要是失去了信用或不讲信用，不知道他还是谁

B. 人要是失去了信用或不讲信用，不知道他还可以做什么

C. 人要是失去了信用或不讲信用，和车子有什么区别

D. 人要是失去了信用或不讲信用，就像大车失去了"輗"，小车失去了"軏"

用开放的方式去沟通

单选题：

1. 开放的沟通方式是指？（ ）

A. 敞开衣服沟通

B. 不断地向对方提开放性问题

C. 相对自由、任意发挥的交流

D. 在开放的场合进行交流

2. 在开放的沟通方式下，朋友之间可以？（ ）

A. 根据自己的心情沟通

B. 想说就说，想骂就骂

C. 有更亲密的肢体接触

D. 坦诚地发表自己的看法

3. 以下不属于有效沟通的组成部分的是？（ ）

A. 沟通的内容，即文字

B. 沟通的语调和语速，即声音

C. 沟通中的行为姿态，即肢体语言

D. 沟通中的穿着打扮

判断题：

在与朋友之间的相处中，我们需要建立开放的对话模式。（ ）

关系再好也不能什么都说

单选题：

1. 下列哪句话属于煽动、怂恿？（ ）

A. 他的确是一个值得信赖的人

B. 他经常在背后说你的坏话

C. 他经常会夸赞你

D. 他是一个乐于助人的人

2. 下列哪句话不属于露骨、粗俗？（ ）

A. 你脸上的那颗痣真的很难看

B. 我从来没把你当朋友

C. 我想骂你已经很久了

D. 有你这样的朋友，我很开心

3. 朋友之间粉饰、虚伪的沟通方式分为哪两种？（ ）

A. 夸大其词，欲盖弥彰

B. 夸大其词，哗众取宠

C. 欲盖弥彰，欺上瞒下

D. 欲盖弥彰，偷天换日

判断题：

只要关系铁，就可以放开了说，什么话都可以说。（ ）

非原则的问题，求同存异

单选题：

1. 以下不属于"求同存异"和"和而不同"区别的是？（ ）

A. "求同存异"强调找出共同点，保留不同意见

B. "求同存异"更多体现的是主动性，"和而不同"更多表现的是被动性

C. "和而不同"更多地表现为一种美好和谐的思想理念，强调和谐中的不同因子

D. "求同存异"更多地表现为一种具体化、实际性的相处交流方式

2. "求同存异"在朋友的相处中，具体表现是？（ ）

A. 永远保留意见，什么话都不说

B. 坚持己见，据理力争

C. 尊重差异，相互谅解

D. 无底线宽容对方

判断题：

朋友之间就应该多为对方考虑，即使受到原则性伤害也要无条件谅解。（ ）

诚恳待人，忌说空话大话

单选题：

1. 朋友之间的相处，最重要的是？（ ）

A. 深明大义

B. 睿智头脑

C. 人脉丰厚

D. 真诚友善

2. "知之为知之，不知为不知"这句话出自？（ ）

A.《论语》

B.《孟子》

C.《荀子》

D.《礼记》

3. 以下不属于"说到做到"的行为是？（ ）

A. 不说空话、大话

B. 轻易承诺

C. 言而有信

D. 履行诺言

判断题：

真诚的朋友就要做对方的人生导师。（ ）

放下身段，不要太讲面子

单选题：

1. 对中国的"面子文化"理解不正确的是？（ ）

A. 宁饿死不食周粟

B. 宁为玉碎不为瓦全

C. 渴不饮盗泉之水

D. 穿名牌、喝好酒、开靓车

2. 朋友之间如何爱面子才是对的？（ ）

A. 死要面子活受罪

B. 拿捏好自尊心的分寸

C. 比吃、比穿、比房子、车子

D. 比名誉、地位

3. 朋友之间产生矛盾，处理不当的是？（ ）

A. 面子最重要，即使有错也不能低头

B. 从大局出发，把目光放长远一些

C. 以海纳百川的肚量去化解矛盾

D. 放低姿态，不计较个人得失

判断题：

朋友之间，面子最重要。（ ）

讲究灵活性，不要认死理

单选题：

1. "和若春风，肃若秋霜，取象于钱，外圆内方。"是著名教育家写给谁的？（ ）

A. 儿子

B. 女儿

C. 侄子

D. 朋友

2. 在和朋友相处中，不属于灵活处事的行为是？（ ）

A. 放下固执，懂得变通

B. 调整状态，相机而动

C. 方法不当，多换角度

D. 固执顽强，勇往直前

3. 以下说法不正确的是？（ ）

A. 灵活是为人处世需要的一大准则

B. 灵活的智慧在于它能够时刻根据场合调整状态

C. 每个人都是独立而特殊的个体，因而相处之道也并非一种

D. 一个不善于变通的人，"一根筋"会得到更多人的赞赏

4. 以下关于"马嘉鱼"的说法正确的是？（ ）

A. 长的很难看

B. 生活在浅海中

C. 夏秋之际产卵

D. 不爱转弯

判断题：

马嘉鱼之所以这么容易被捕获，是因为它们生性固执顽强，不懂灵活逃脱，"认准一条道走到黑"。（ ）

好好说话，好好听话

单选题：

1. "沟通的艺术是听和被听的艺术"这句话是谁说的？（ ）

A. 赫兹里基

B. 赫兹蒙特

C. 赫兹里特

D. 维兹里特

2. 以下属于"好好说话"的是？（ ）

A. 态度诚恳，语气谦和

B. 没有逻辑，不知所云

C. 话语不简明，滥用叠句

D. 动作粗鲁，语速过快

3. 以下不属于"好好听话"的是？（ ）

A. 带一定的真诚去聆听

B. 为他寻找方法对策，为他排忧解难

C. 察言观色，把握倾诉者的情绪变化

D. 只要听着他说就好

判断题：

"好好倾听"是建立情感的最佳捷径。（ ）

多选题：

根据文中观点，要从哪些方面注意"好好说话"？（ ）

A. 说话的态度

B. 说话的内容

C. 说话的行为方式

D. 说话的对象

答 案

第一章 有效沟通从改变自己开始
我们看到的世界相同吗

单选题：1.C，2.A

判断题：√

多选题：ACD

反躬自问，找回真正的自己

单选题：1.A，2.D

判断题：√

多选题：ABCD

获得反向思考的力量

单选题：1.A，2.B

判断题：√

多选题：ABC

家庭沟通中学会转念想一想

单选题：1.C，2.C，3.D，4.D，5.B

判断题：√

找出潜在信念

单选题：1.D，2.D，3.D，4.C

判断题：√

多选题：AB

铭印法则：我是一切的根源

单选题：1.D，2.C，3.A，4.D，5.D

判断题：√

多选题：ABCD

一念之转，告别生气的危害

单选题：1.C，2.C，3.D，4.C

判断题：×

多选题：ABD

幸福是拥有感恩的心

单选题：1.D，2.D，3.D，4.A

判断题：√

第二章 有效沟通，构建和谐家庭
家庭中的所有问题都可以通过有效沟通解决

单选题：1.C，2.D，3.C，4.D

判断题：√

多选题：ABCD

有效沟通的源泉：100 倍的嘉许

单选题：1.A，2.D，3.A，4.D，5.D

判断题：√

多选题：ABC

何谓"异化的交流方式"

单选题：1.D，2.D，3.C，4.D，5.D

判断题：×

多选题：ABCD

家庭沟通的 4 个层次

单选题：1.C，2.D，3.D，4.B，5.C

判断题：√

多选题：ABCD

有效沟通：接纳、"我信息"、双赢

单选题：1.A，2.B，3.C，4.C

判断题：√

多选题：ABC

信任感的建立：同步、引导

单选题：1.D，2.C，3.A，4.C

判断题：√

让沟通充满爱

单选题：1.A，2.A，3C，4.D

判断题：√

多选题：ABC

沟通中，用全身心倾听对方

单选题：1.D，2.A，3.A，4.D

判断题：×

多选题：ABC

家庭沟通中，如何表达愤怒

单选题：1.D，2.C，3.D，4.A，5.C

判断题：√

多选题：ABC

家庭沟通中，如何表达感激

单选题：1.C，2.C，3.C，4.C

判断题：√

多选题：ABD

家和万事兴

单选题：1.C，2.C，3.D，4.B

判断题：√

多选题：ABC

第三章　转变心态，让沟通更愉悦

接纳：尊重、理解沟通对象

单选题：1.C，2.A，3.C，4.A，5.A

判断题：√

多选题：AC

珍惜：关注对方的感受

单选题：1.C，2.A，3.A，4.A，5.B

判断题：√

多选题：ABCD

热情：在沟通中投入情感

单选题：1.B，2.D，3.A，4.D

判断题：√

多选题：AB

真诚：沟通中表露出"真的我"

单选题：1.C，2.D，3.D

判断题：√

多选题：ABC

客观：跳出自己的视野

单选题：1.D，2.C，3.D，4.A

判断题：√

多选题：ABC

诚信：不轻诺但言而有信

单选题：1.A，2.C，3.A，4.C

判断题：√

多选题：ABC

第四章　夫妻沟通：幸福比对错更重要

吵架也是一种沟通

单选题：1.C，2.B，3.D

判断题：√

就事论事，就人论人

单选题：1.D，2.C，3.D，4.C

判断题：×

多选题：ABC

客观陈述事实，注意倾听事实

单选题：1.C，2.A，3.B，4.C

判断题：×

多选题：CD

善于利用"暂停"调节气氛

单选题：1.A，2.D，3.C

判断题：√

多选题：ABC

表情有时比语言更伤人

单选题：1.D，2.A，3.D，4.A

判断题：√

多选题：AB

接受好的建议和正确的批评

单选题：1.D，2.B，3.D，4.A

判断题：√

多选题：ABCD

改正自己的小毛病，宽容对方的小毛病

单选题：1.B，2.B，3.A，4.D

判断题：√

多选题：ABD

已经完结的纠纷，就让它完结

单选题：1.A，2.A，3.A，4.D，5.D

判断题：√

多选题：ABCD

亲密关系不等于全部生活

单选题：1.D，2.B，3.D，4.D

判断题：×

多选题：ABCD

第五章　亲子沟通：和孩子保持同步

你知道孩子喜欢什么吗

单选题：1.A，2.A，3.D，4.D，5.D

判断题：×

孩子为什么喜欢动画片和电子游戏

单选题：1.D，2.C，3.A，4.D

判断题：√

多选题：ABCD

与孩子交流时应该有的姿态
单选题：1.B，2.D，3.A，4.A
判断题：√

寻找和孩子的共同话题
单选题：1.D，2.C，3.D，4.C
判断题：√
多选题：AB

尊重与平等，接纳其合理要求
单选题：1.A，2.A，3.B，4.C
判断题：×
多选题：ABCD

相对合理的控制，给予独立的空间
单选题：1.A，2.D，3.D，4.A
判断题：√
多选题：ABC

确立合理的期望
单选题：1.D，2.D，3.D，4.B
判断题：×
多选题：1.ABC，2.ABCD

教育孩子时最不该有的十种行为
单选题：1.A，2.B，3.D，4.B
判断题：√
多选题：AB

最不该对孩子说的十句话
单选题：1.A，2.A，3.D，4.C
判断题：×
多选题：ABCD

第六章　与长辈沟通：抱有尊重，注意技巧
尊敬是一种态度，尊重是一种做法
单选题：1.D，2.D
判断题：√
多选题：AB

勇敢说出你的爱
单选题：1.B，2.C，3.A
判断题：√

倾听和诉说都要有耐心
单选题：D

多选题：BC

对长辈多一些真诚
单选题：1.A，2.A，3.A
判断题：√
多选题：ABCD

多说一些甜言蜜语
单选题：1.C，2.D，3.D
判断题：×

聊长辈喜欢的话题
单选题：1.D，2.B
判断题：1.×，2.×

不计较老人的脾气
单选题：1.C，2.A，3.C
判断题：1.√，2.√

不要使用长辈听不懂的语言
单选题：1.D，2.C
判断题：×

第七章　与兄弟姐妹沟通：以和为贵
兄弟姐妹一家亲
单选题：1.D，2.A，3.D，4.C
判断题：√
多选题：ABC

主动和兄弟姐妹沟通
单选题：1.A，2.C，3.D，4.A
判断题：√
多选题：ABC

尊重对方的个性和行为习惯
单选题：1.B，2.C，3.B
判断题：√
多选题：ABD

不争宠、不告状
单选题：1.C，2.D，3.A，4.A
判断题：√

遇事彼此商量、彼此谅解
单选题：1.A，2.A，3.D
判断题：√

谈论你们之间的关系

单选题：1.A，2.A，3.A，4.A，5.A

判断题：√

多选题：ABD

支持你的兄弟姐妹

单选题：1.D，2.A，3.B，4.B，5.A

多选题：ABC

尽量避免家庭纠纷

单选题：1.C，2.A，3.A，4.C，5.A

判断题：√

多选题：ABD

第八章　与领导、下属沟通：对上有义、对下有情

取得信任，突破沟通障碍

单选题：1.A，2.A，3.B，4.A，5.A

判断题：√

多选题：ACD

柔性策略，加强工作外的沟通

单选题：1.D，2.A，3.D，4.C

判断题：√

多选题：ABC

引导提问，让对方说出真心话

单选题：1.A，2.B，3.A，4.D，5.D

判断题：×

多选题：ABC

含蓄、幽默、简洁、生动

单选题：1.B，2.A，3.C，4.D，5.C

判断题：√

建设性对话，不发牢骚

单选题：1.A，2.B，3.C，4.D

判断题：√

多选题：ABC

有分寸地夸奖和赞美

单选题：1.D，2.C，3.C，4.C

判断题：×

多选题：ABC

对上对下，都要注意态度

单选题：1.D，2.A，3.A，4.A

判断题：√

有分歧时，不妨保留意见

单选题：1.A，2.B，3.A，4.B

判断题：√

多选题：ABC

第九章　与朋友沟通：以信为先

朋友之间要遵守承诺

单选题：1.C，2.D，3.B，4.A

判断题：1.×，2.√

多选题：BD

用开放的方式去沟通

单选题：1.C，2.D，3.D

判断题：√

关系再好也不能什么都说

单选题：1.B，2.D，3.A

判断题：×

非原则的问题，求同存异

单选题：1.C，2.C

判断题：×

诚恳待人，忌说空话大话

单选题：1.D，2.A，3.B

判断题：×

放下身段，不要太讲面子

单选题：1.D，2.B，3.A

判断题：×

讲究灵活性，不要认死理

单选题：1.A，2.D，3.D，4.D

判断题：√

好好说话，好好听话

单选题：1.C，2.A，3.D

判断题：√

多选题：ABC